Impressum
Verlag: BABADADA GmbH, Nedderfeld 112 , 22529 Hamburg
Geschäftsführer / Verlagsleitung: Harald Hof
Druck: Books on Demand GmbH, In de Tarpen 42, 22848 Norderstedt

Imprint
Publisher: BABADADA GmbH, Nedderfeld 112 , 22529 Hamburg, Germany
Managing Director / Publishing direction: Harald Hof
Print: Books on Demand GmbH, In de Tarpen 42, 22848 Norderstedt

AF189020

koulu
sekoly

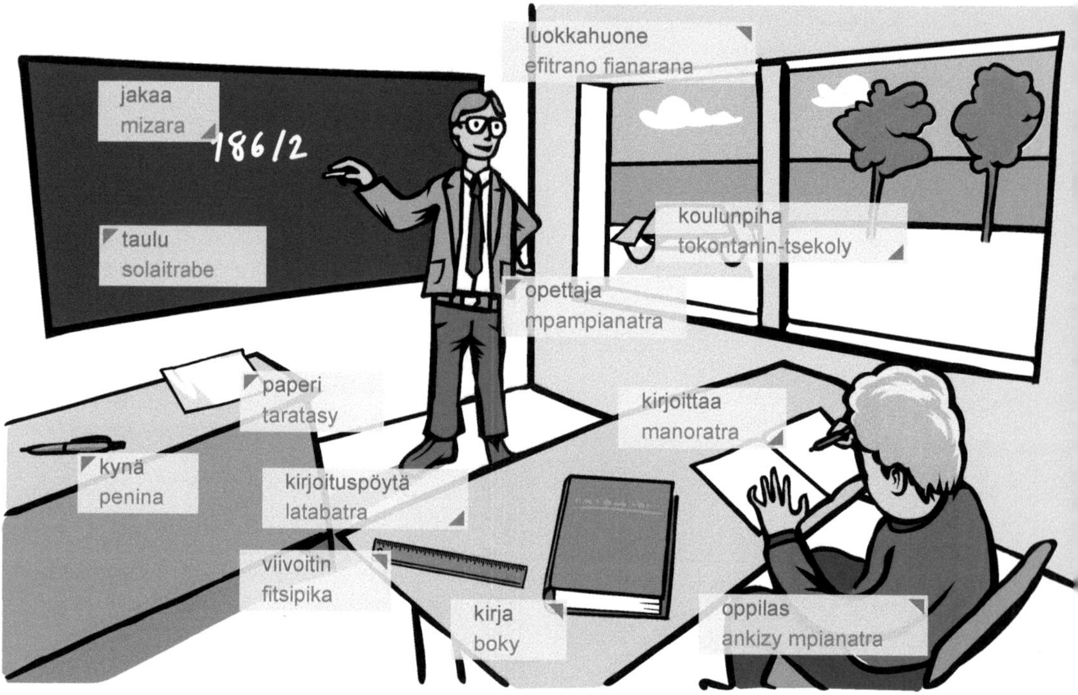

luokkahuone
efitrano fianarana
jakaa
mizara
186/2
taulu
solaitrabe
koulunpiha
tokontanin-tsekoly
opettaja
mpampianatra
paperi
taratasy
kirjoittaa
manoratra
kynä
penina
kirjoituspöytä
latabatra
viivoitin
fitsipika
kirja
boky
oppilas
ankizy mpianatra

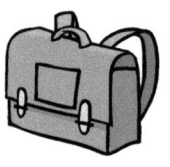

reppu
kitapo

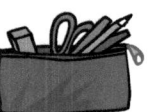

penaali
torosy

lyijykynä
pensilihazo

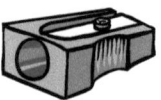

kynänteroitin
fandrangitana pensilihazo

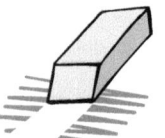

pyyhekumi
gaoma

piirustuslehtiö
karne fanaovana sary

piirustus
sary

pensseli
borosy fandokoana

vesivärit
boaty loko

sakset
hety

liima
lakaoly

harjoituskirja
kahie fampiasàna

kotitehtävä
enti-mody

luku
tarehi-marika

2+2

lisätä
manampy

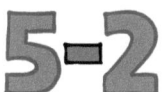

vähentää
manala

kertoa
mampitombo

laskea
mikajy

kirjain
taratasy

aakkoset
abidia

sana
teny

teksti

lahatsoratra

lukea

mamaky

liitu

tsaoka

oppitunti

lesona

opettajan muistikirja

boky fianarana

koe

fanadinana

todistus

sertifikà

koulupuku

fanamian'ny mpianatra

koulutus

fiofanana

sanakirja

raki-pahalalana

yliopisto

oniversite

mikroskooppi

mikraoskaopy

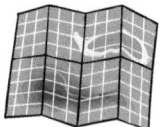

kartta

sarintany

roskakori

fanariana fako taratasy

matka
fitsangatsanganana

hotelli
hôtely
Grand
retkeilymaja
tranom-bahiny
ROOMS
rahanvaihto
toerana fanakalozana vola
matkalaukku
valizy
auto
fiara

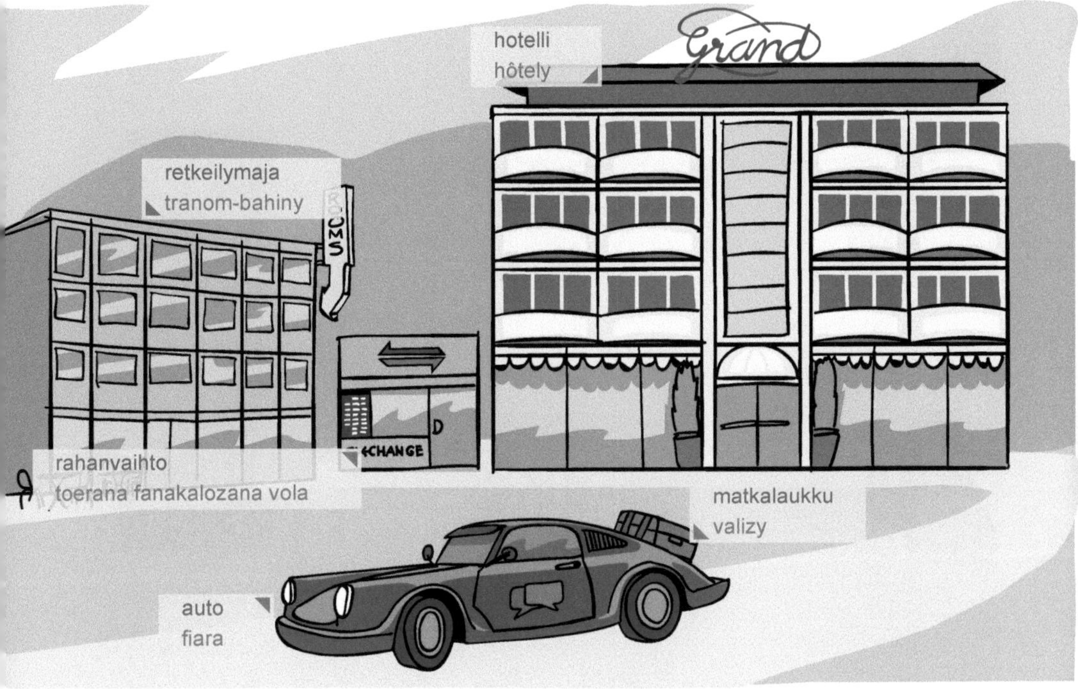

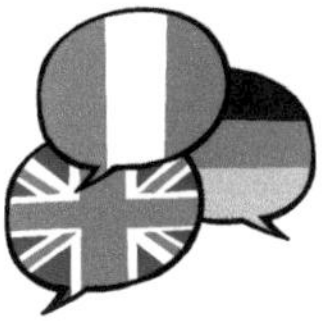

kieli

fiteny

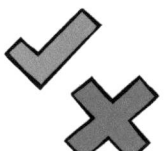

kyllä / ei

eny / tsia

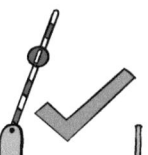

selvä

Eny àry

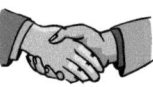

hei

salama

tulkki

mpandika teny

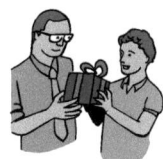

kiitos

Misaotra

Paljonko...maksaa?

ohatrinona...?

en ymmärrä

Tsy azoko izany

ongelma

olana

Hyvää iltaa!

Salama ô!

Hyvää huomenta!

Arahaba tra-maraina e!

Hyvää yötä!

Tsara mandry ô!

näkemiin

veloma

suunta

fitantanana

matkatavarat

entan'ny mpandeha

laukku

harona

reppu

kitapo

vieras

vahiny

huone

efitrano

makuupussi

fandriana enti-tànana

teltta

tanty

turisti-info

birao miandraikitra ny fizahantany

ranta

moron-tsiraka

luottokortti

fahana amin'ny karatra

aamupala

sakafo maraina

lounas

sakafo atoandro

päivällinen

sakafo hariva

matkalippu

tapakila

hissi

ascenseur

postimerkki

hajia

raja

tany manasaraka

tulli

fadin-tseranana

suurlähetystö

ambasady

viisumi

visa

passi

pasipaoro

kuljetus
fitaterana

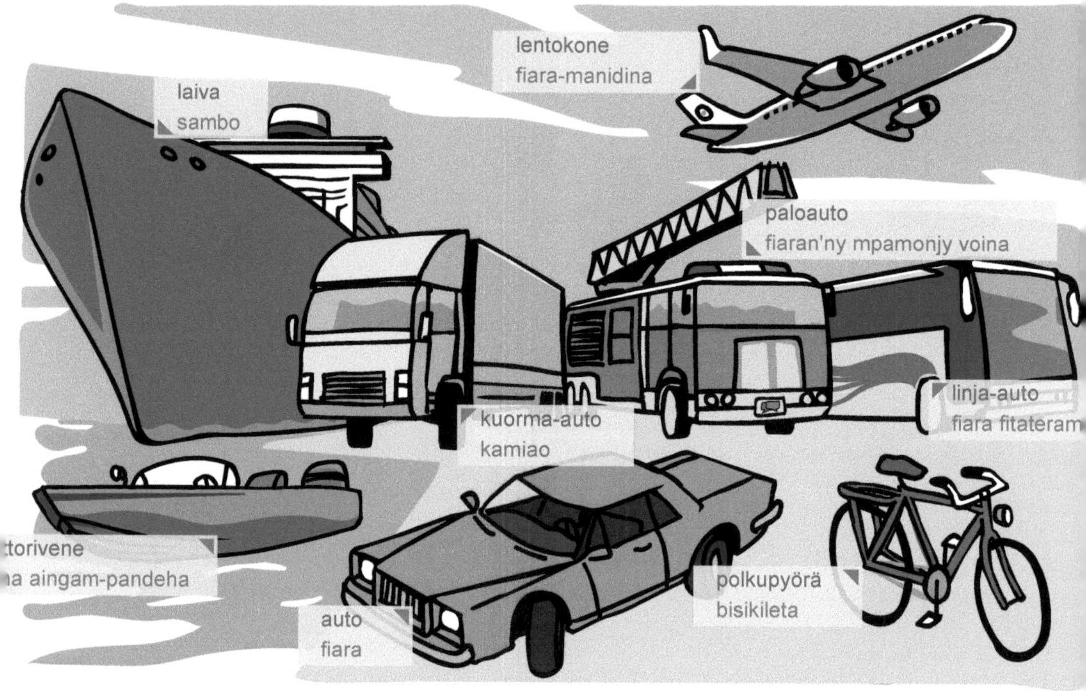
lentokone
fiara-manidina
laiva
sambo
paloauto
fiaran'ny mpamonjy voina
linja-auto
fiara fitateram
kuorma-auto
kamiao
torivene
a aingam-pandeha
polkupyörä
bisikileta
auto
fiara

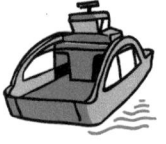

lautta
sambobe

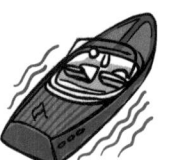

vene
sambo

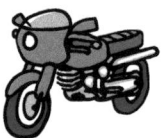

moottoripyörä
môtô

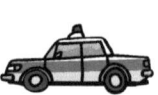

poliisiauto
fiaran'ny polisy

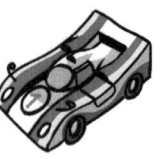

kilpa-auto
fiara mpihazakazaka

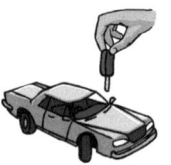

vuokra-auto
fiara fanofa

car sharing

zara fiara

hinausauto

fiara etsy babeko

roska-auto

fiara mpitatitra fako

moottori

mötera

polttoaine

solika

huoltoasema

tobin-tsolika

liikennemerkki

tondro fifamoivoizana

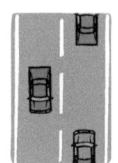

liikenne

fifamoivoizana

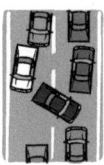

ruuhka

fitohanan'ny fifamoivoizana

parkkipaikka

fitobian'ny fiara

rautatieasema

fiantsonan'ny fiaran-
dalamby

raiteet

lalamby

juna

fiaran-dalamby

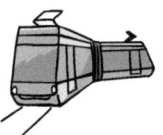

raitiovaunu

tramway

vaunu

kalesy

helikopteri

angidimby

lentokenttä

seranam-piaramanidina

lähilennonjohto

tilikambo

matkustaja

mpandeha

kontti

kaontenera

pahvilaatikko

baoritra

kärryt

chariot

kori

harona

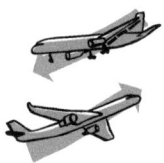

nousta / laskea

miainga / midina

kaupunki

renivohitra

kylä

ambanivohitra

keskusta

afovoan-tanàna

talo

trano

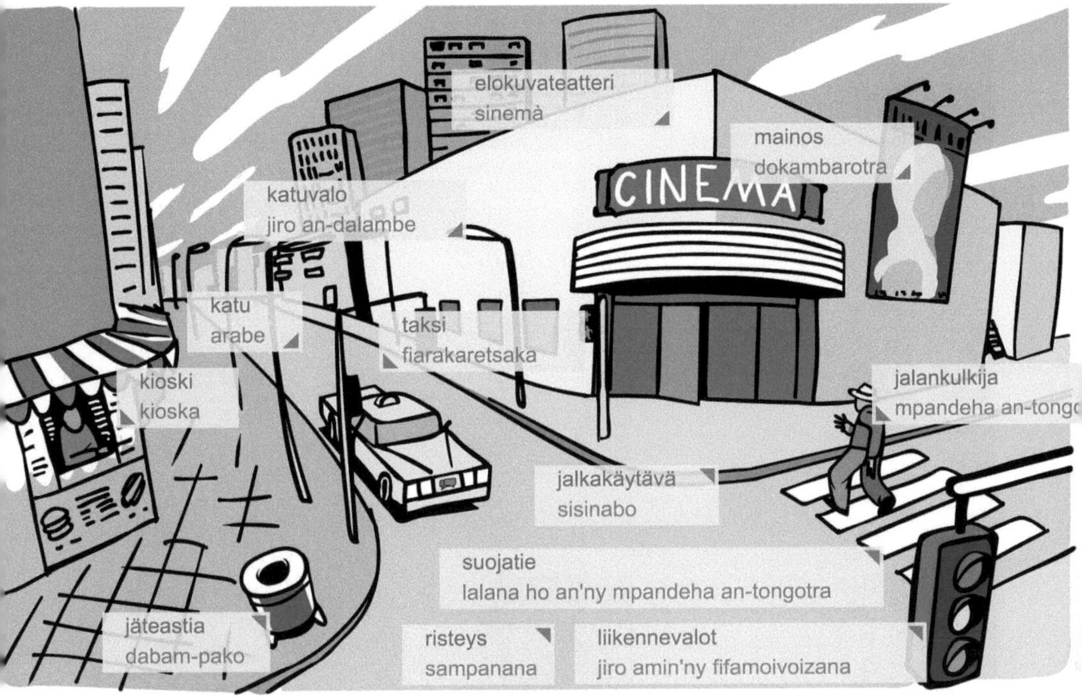
elokuvateatteri
sinemà
CINEMA
mainos
dokambarotra
katuvalo
jiro an-dalambe
katu
arabe
taksi
fiarakaretsaka
kioski
kioska
jalankulkija
mpandeha an-tong
jalkakäytävä
sisinabo
suojatie
lalana ho an'ny mpandeha an-tongotra
jäteastia
dabam-pako
risteys
sampanana
liikennevalot
jiro amin'ny fifamoivoizana

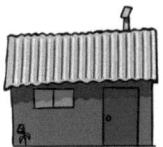

mökki

trano bongo

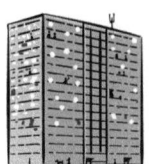

kerrostalo

tranobe

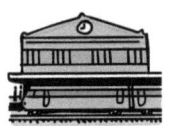

rautatieasema

fiantsonan'ny fiaran-dalamby

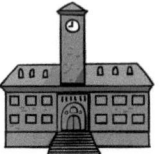

kaupungintalo

firaisana

MUSEUM

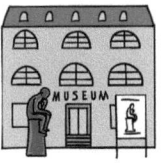

museo

donia

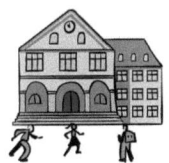

koulu

sekoly

yliopisto oniversite	pankki banky	sairaala hopitaly

hotelli hôtely	apteekki farmasia	toimisto birao

kirjakauppa fivarotam-boky	liike fivarotana	kukkakauppa mpivarotra voninkazo

supermarketti supermarché	tori tsena	tavaratalo tranobe fivarotana

kalakauppias mpivarotra trondro	ostoskeskus toeram-pivarotana lehibe	satama seranana

puisto

valan-javaboary

penkki

latabatra

silta

tetezana

portaat

totohatra

metro

metrô

tunneli

tonelina

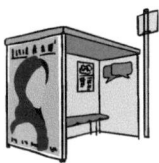

linja-autopysäkki

fiantsonan'ny fiara
mpitondra olona

baari

bara

ravintola

toeram-pisakafoanana

postilaatikko

boatin-taratasy paositra

katukyltti

famantarana an-arabe

parkkimittari

parcmètre

eläintarha

valan-javaboary

uimala

dobo filomanosana

moskeija

moskea

maatila
toeram-pambolena

ympäristön saastuminen
loto

hautausmaa
fasana

kirkko
trano fiangonana

leikkikenttä
tokontany filalaovana

temppeli
tempoly

maisema
endritany

lehti
ravina

tienviitta
tondro famantarana

tie
làlana

niitty
kijana

kivi
vato

puu
hazo

retkeilijä
mpihani-bohitra

joki
renirano

ruoho
bozaka

kukka
voninkazo

laakso
lemaka

vuori
vohitra

järvi
laka

metsä
ala

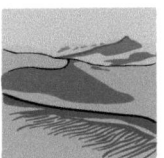

aavikko
tany hay

tulivuori
volkano

linna
rova

sateenkaari
avana

sieni
holatra

palmu
hazom-boanio

hyttynen
moka

kärpänen
lalitra

muurahainen
vitsika

mehiläinen
tantely

hämähäkki
hala

kovakuoriainen

voangory

sammakko

sahona

orava

vontsira

siili

trandraka

jänis

bitro

pöllö

vorondolo

lintu

vorona

joutsen

gisabe

villisika

lambo

peura

cerf

hirvi

voalavo

pato

toha-drano

tuulimylly

helisy ahodin-drivotra

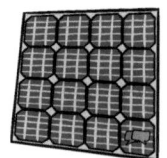

aurinkopaneeli

takela-masoandro

ilmasto

toetr'andro

ravintola

toeram-pisakafoanana

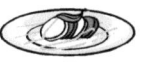

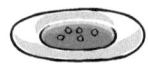

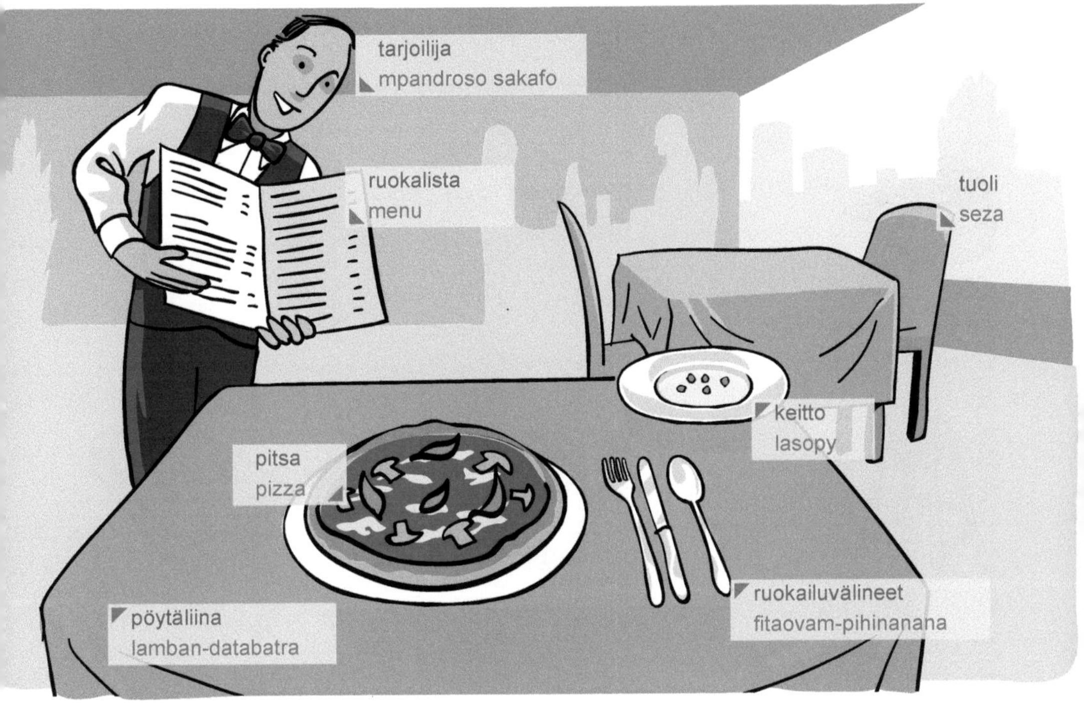
tarjoilija
mpandroso sakafo
ruokalista
menu
tuoli
seza
keitto
lasopy
pitsa
pizza
ruokailuvälineet
fitaovam-pihinanana
pöytäliina
lamban-databatra

alkuruoka

entrée

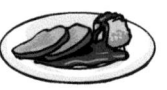

pääruoka

sakafo fototra

jälkiruoka

desera

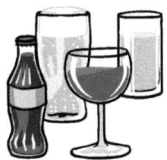

juomat

zava-pisotro

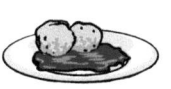

ruoka

sakafo

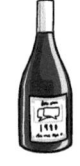

pullo

tavoahangy

pikaruoka

fast food

katuruoka

sakafo an-dalambe

teekannu

fitoerana dite

sokeriastia

fitoeran-tsiramamy

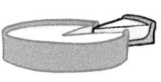

annos

singany

espressokeitin

milina espresso

syöttötuoli

seza avo

lasku

faktiora

tarjotin

lovia fandrosoana sakafo

veitsi

antsy

haarukka

sotrorovitra

lusikka

sotro

teelusikka

sotrokely

servietti

servieta

lasi

vera

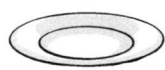

lautanen

vilia

syvä lautanen

vilian-dasopy

aluslautanen

vilia bory

kastike

saosy

suolasirotin

fitoeran-tsira

pippurimylly

milina dipoavatra

etikka

vinaingitra

öljy

solika

mausteet

zava-manitra

ketsuppi

ketchup

sinappi

voan-tsinapy

majoneesi

maionezy

supermarketti
supermarché

tarjous
fihenam-bidy
FOR
asiakas
mpividy
maitotuotteet
sakafo avy amin'ny ronono
hedelmät
voankazo
ostoskärryt
chariot

BUTCHERS

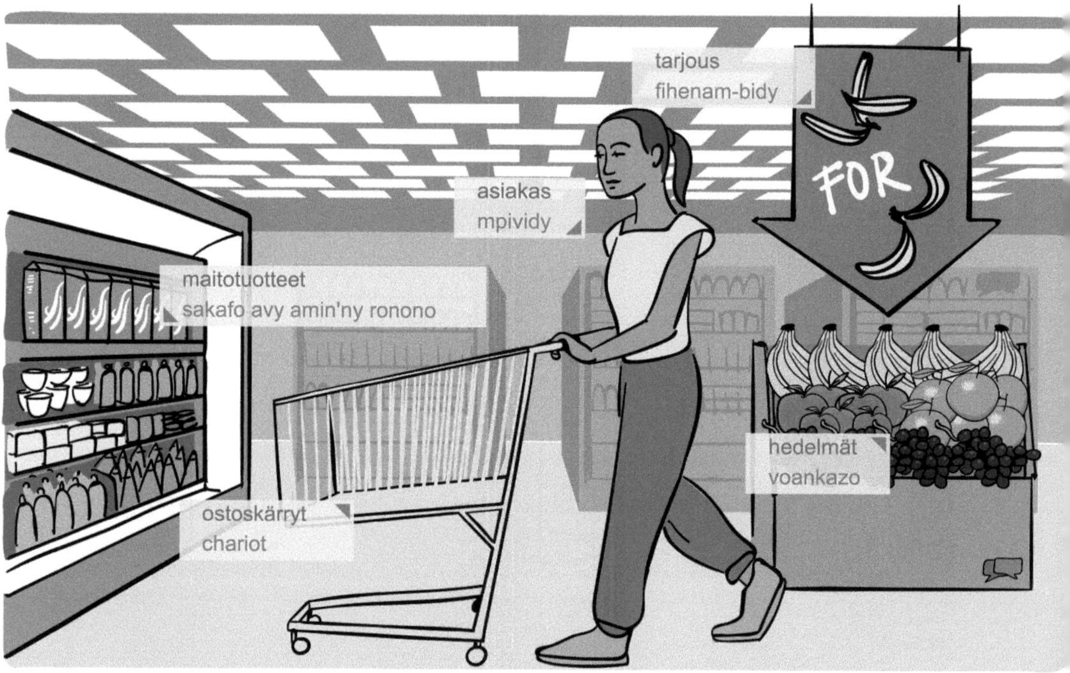

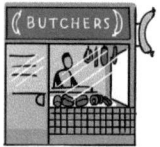

teurastamo

mpivaro-kena

BAKERY

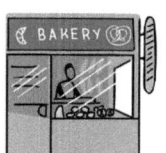

leipomo

mpivarotra mofo

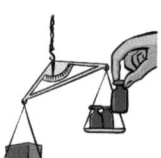

punnita

mandanja

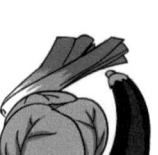

kasvikset

legioma

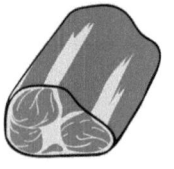

liha

hena

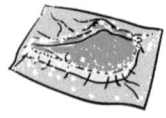

pakasteet

sakafo nampangatsiahana

leikkele

hena voahendy

säilykkeet

sakafo am-by fotsy

pesujauhe

vovon-tsavony

makeiset

vatomamy

kotitaloustarvikkeet

fitaovana an-tokatrano

puhdistusaineet

fitaovana fanadiovana

myyjä

mpivarotra

kassa

toerana fandoavam-bola

kassanhoitaja

mpandray vola

ostoslista

lisitry ny zavatra vidiana

aukioloajat

ora fiasana

lompakko

portefeuille

luottokortti

fahana amin'ny karatra

kassi

harona

muovipussi

harona plastika

vesi

rano

mehu

ranom-boankazo

maito

ronono

kokis

coca

viini

divay

olut

labiera

alkoholi

toaka

kaakao

sôkôlà mafana

tee

dite

kahvi

kafe

espresso

espresso

cappuccino

cappuccino

banaani

akondro

omena

paoma

appelsiini

laoranjy

meloni

voatango

sitruuna

voasarimakirana

porkkana

karaoty

valkosipuli

tongolo gasy

bambu

volobe

sipuli

tongolo

sieni

holatra

pähkinät

voamaina

spagetti

paty

spagetti

spaghetti

riisi

vary

salaatti

salady

ranskalaiset

ovy frity

paistetut perunat

ovy voaendy

pitsa

pizza

hampurilainen

hamburger

voileipä

sandwich

leike

didin-kena

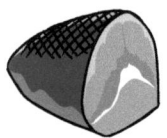

kinkku

lambo sira

salami

salami

makkara

saosisy

kana

akoho

paisti

hena mendy

kala

trondro

kaurahiutaleet

varin-tsoavaly

mysli

muesli

murot

cornflakes

jauho

lafarinina

voisarvi

croissant

sämpylä

mofodipaina kely

leipä

mofo

paahtoleipä

mofo natono

keksit

bisky

voi

dobera

rahka

fromazy fotsy

kakku

mofomamy

kananmuna

atody

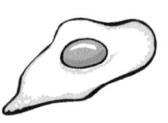

paistettu kananmuna

atody nendasina

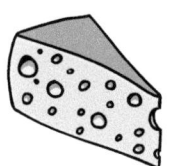

juusto

fromazy

ruoka - sakafo

25

jäätelö

lagilasy

sokeri

siramamy

hunaja

tantely

hillo

kaonfitira

suklaapähkinälevite

crème nougat

curry

curry

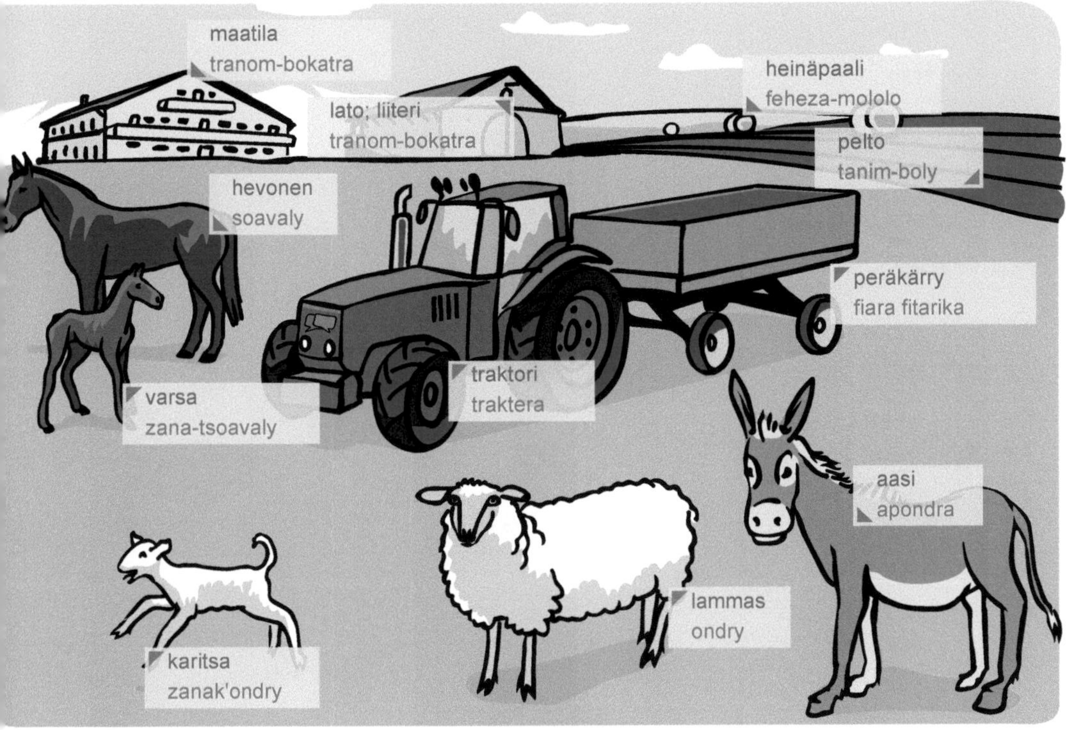

maatila
tranom-bokatra

lato; liiteri
tranom-bokatra

heinäpaali
feheza-mololo

pelto
tanim-boly

hevonen
soavaly

peräkärry
fiara fitarika

varsa
zana-tsoavaly

traktori
traktera

aasi
apondra

lammas
ondry

karitsa
zanak'ondry

vuohi

osy

lehmä

omby vavy

vasikka

omby

sika

kisoa

porsas

zana-kisoa

sonni

omby

hanhi
gisa

ankka
gana

tipu
zanak'akoho

kana
akoho vavy

kukko
akoho lahy

rotta
voalavo

kissa
saka

hiiri
voalavo tondro

härkä
omby

koira
alika

koirankoppi
tranon'alika

puutarhaletku
fantsona fanondrahana rano

kastelukannu
fanondrahana

viikate
antsy biloka

aura
angadin'omby

sirppi

antsim-bilona

kuokka

antsetra

talikko

farango vy

kirves

famaky

kottikärryt

borety

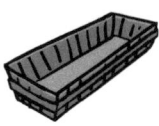

kaukalo

dababe

maitokannu

boatin-dronono

säkki

harona

aita

fefy

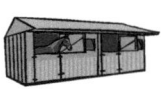

talli

tranom-biby

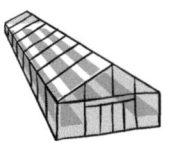

kasvihuone

talatalan-jaridaina

maa

tany

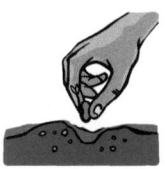

siemen

ambeoka

lannoite

zezika

leikkuupuimuri

milina mpijinja vokatra

kerätä sato

vokatra

sato

vokatra

jamssit

saonjo

vehnä

varimbazaha

soija

saozaha

peruna

ovy

maissi

katsaka

rypsi

colza

hedelmäpuu

hazo fihinam-boa

maniokki

mangahazo

vilja

voamadinika

talo
trano

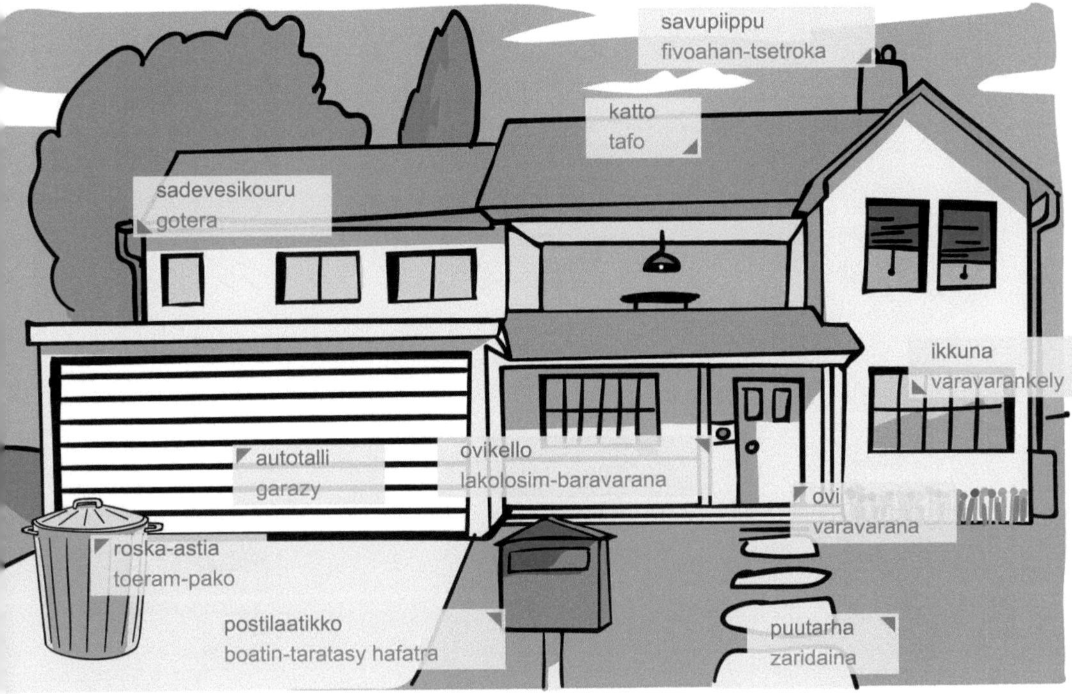
savupiippu
fivoahan-tsetroka
katto
tafo
sadevesikouru
gotera
ikkuna
varavarankely
autotalli
garazy
ovikello
lakolosim-baravarana
ovi
varavarana
roska-astia
toeram-pako
postilaatikko
boatin-taratasy hafatra
puutarha
zaridaina

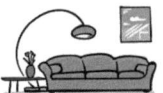

olohuone
efitra fandraisam-bahiny

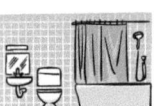

kylpyhuone
efitra fandroana

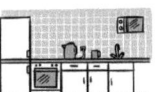

keittiö
lakozia

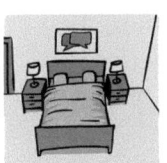

makuuhuone
efitra fatoriana

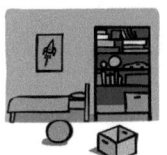

lastenhuone
efitranon'ny ankizy

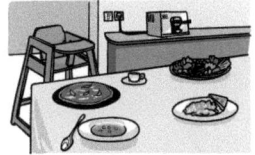

ruokahuone
efi-trano fisakafoanana

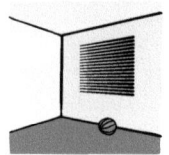

lattia

tany

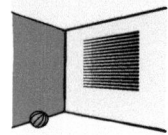

seinä

rindrina

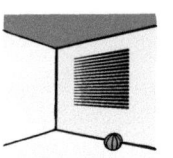

katto

valindrihana

kellari

lakavy

sauna

sauna

parveke

tsimahalavo

terassi

lavarangana

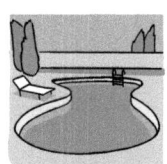

uima-allas

dobo filomanosana

ruohonleikkuri

mpanapaka bozaka

lakana

lambam-pandriana

päiväpeitto

koety

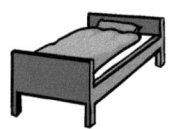

sänky

fandriana

harja

kifafa

ämpäri

sô

katkaisin

interrupteur

talo - trano

olohuone

efitra fandraisam-bahiny

tapetti
sary apetaka
kuva
sary
lamppu
lampy
hylly
talantalana
kaappi
lalimoara
televisio
fahitalavitra
takka
anjorinafo
kukka
voninkazo
tyyny
lafika
sohva
sofà
maljakko
vazy
kaukosäädin
telekaomandy

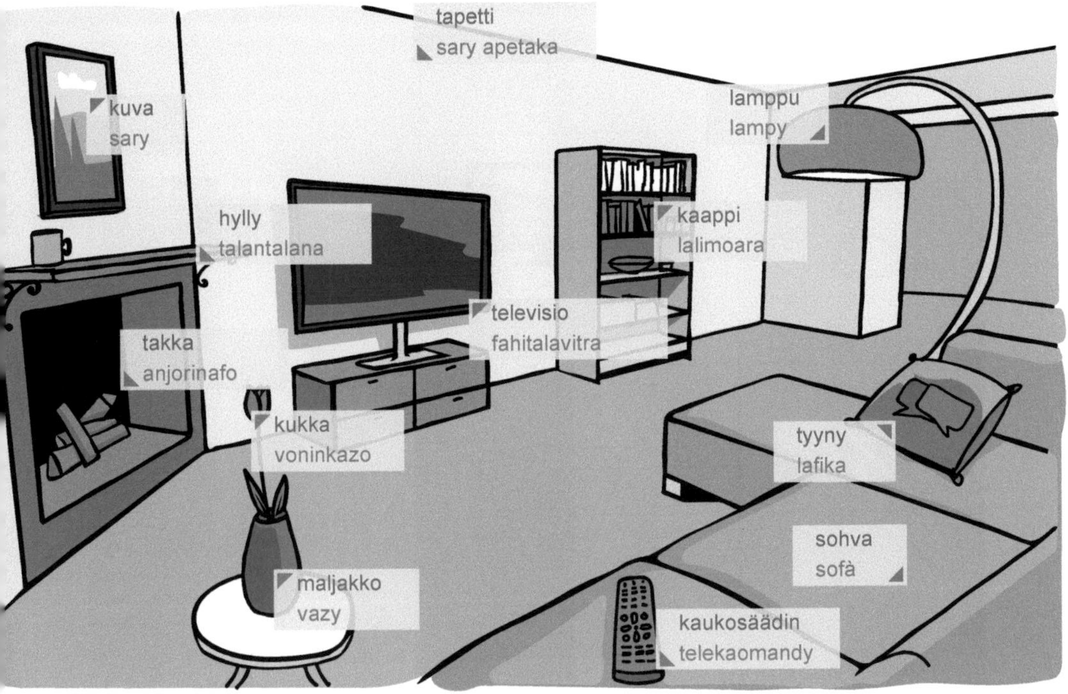

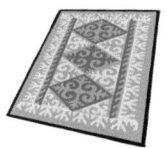

matto

tapis

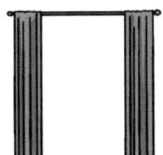

verho

takom-baravarana

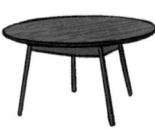

pöytä

latabatra

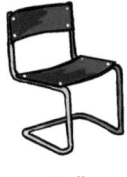

tuoli

seza

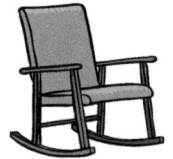

keinutuoli

seza savily

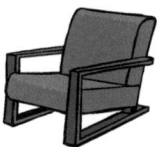

nojatuoli

seza mihaja

kirja

boky

peitto

lamba firakotra

koriste

asa fandravahana

polttopuut

hazo fandrehitra

elokuva

horonantsary

stereot

fitaovana hi-fi

avain

fanalahidy

sanomalehti

gazety

maalaus

loko

juliste

sary famantarana

radio

radio

muistivihko

kahie fanao tadidy

pölynimuri

aspiratera

kaktus

raketa

kynttilä

labozia

keittiö
lakozia

jääkaappi
frizidera
mikroaaltouuni
fatana micro-onde
keittiövaaka
fandanjana sakafo
leivänpaahdin
milina fanendy mofo
pesuaine
fandiovana
leivinuuni
lafaoro
pakastinlokero
talatalana fampangatsiahana
roska-astia
toeram-pako
astianpesukone
fanadiovana vilia

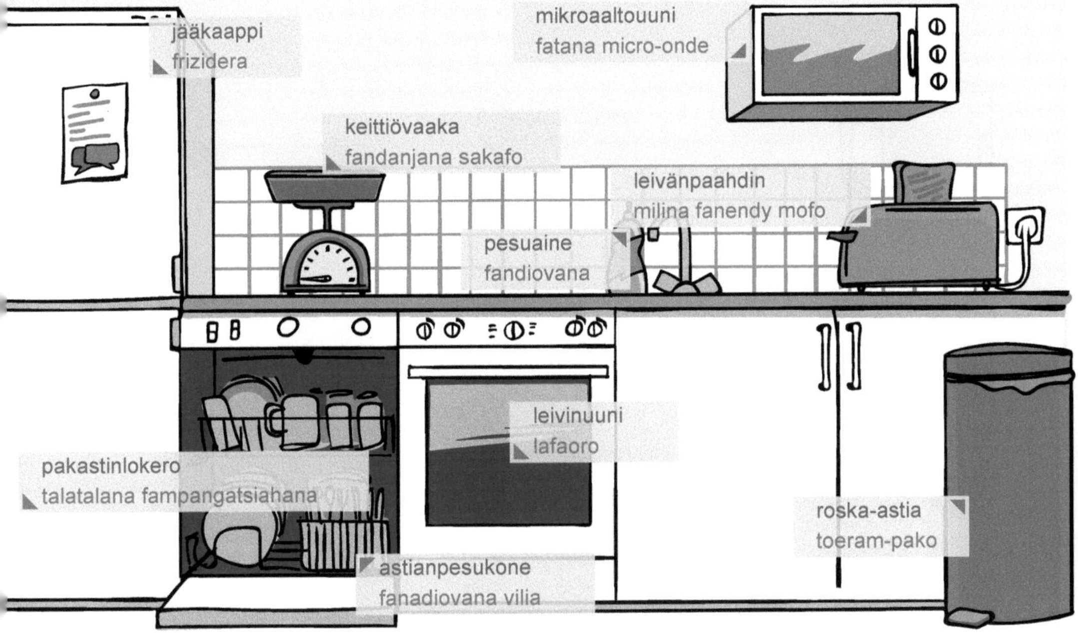

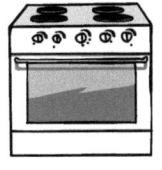

liesi
lafaoro

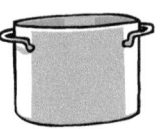

kattila
vilany

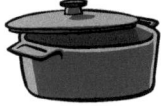

rautapata
vilany vy

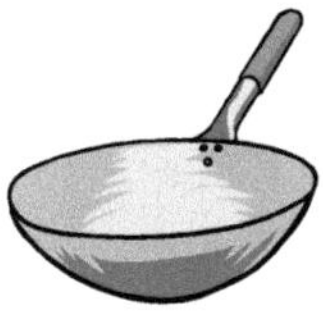

vokkipannu / kadai-pannu
wok / kadai

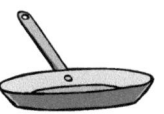

paistinpannu
lapoaly

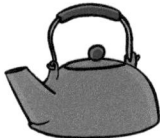

teepannu
fitaovana fampangotrahana rano

höyrykeitin

vilany mandeha entona

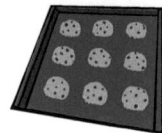

uunipelti

lovia fisaka

astiat

fitaovan-dakozia

muki

zinga

kulho

vilia baolina

syömäpuikot

hazokely fihinanana

kauha

sotrobe lavatango

paistinlasta

spatule

vispilä

fanakapohana atody

siivilä

fanatantavanana

siivilä

lovia sivana

raastin

fanakikisana

mortteli

laona

grilli

kiendiendy

avotuli

fivoahan'ny setroka

leikkuulauta
akalana fitetehana

kaulin
kodia fandamàna koba

korkinavaaja
fisontonana bosoa

purkki
boaty

purkinavaaja
fanokafana boaty

pannulappu
fitazomana vilany

lavuaari
lavabô

tiskiharja
borosy

pesusieni
spaonjy

tehosekoitin
miksera

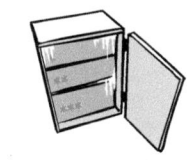

pakastin
fitaovana fampangatsiahana

tuttipullo
tavoahanginono

vesihana
paompy

kylpyhuone
efitra fandroana

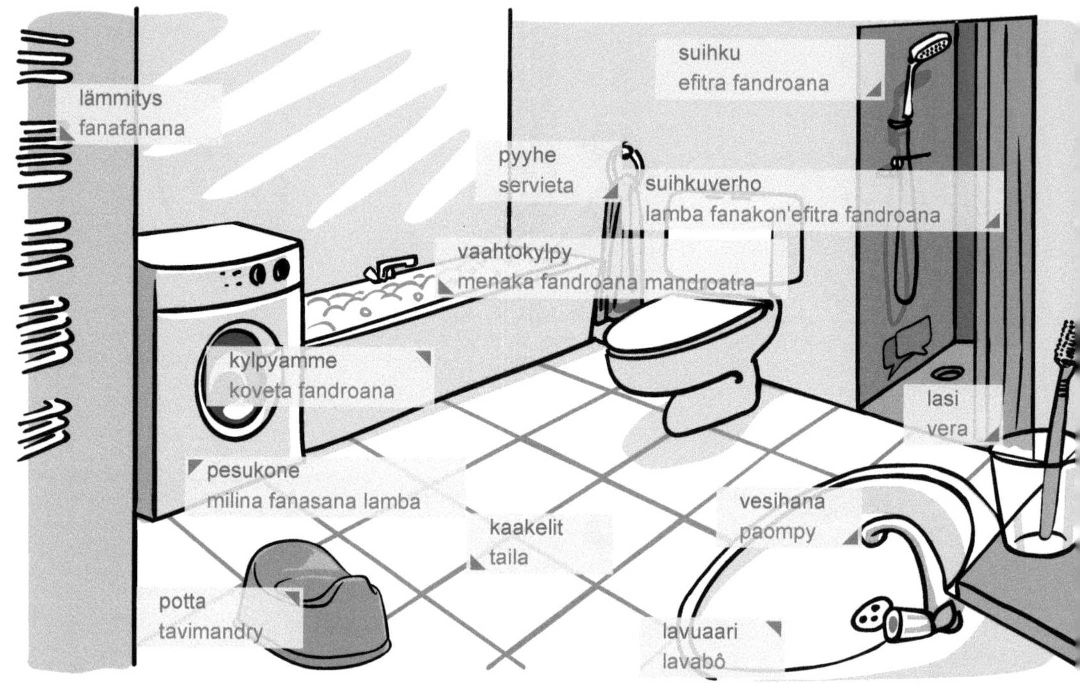

lämmitys
fanafanana
suihku
efitra fandroana
pyyhe
servieta
suihkuverho
lamba fanakon'efitra fandroana
vaahtokylpy
menaka fandroana mandroatra
kylpyamme
koveta fandroana
lasi
vera
pesukone
milina fanasana lamba
vesihana
paompy
kaakelit
taila
potta
tavimandry
lavuaari
lavabô

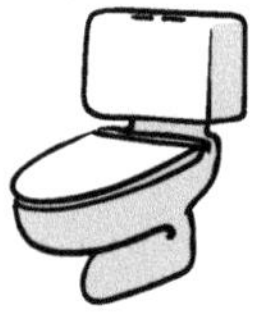

vessa
efitrano fidiovana

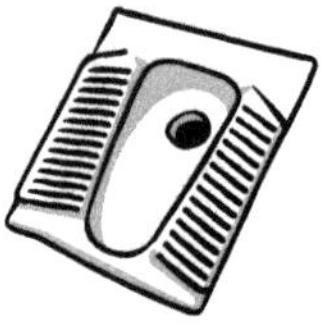

kyykkyvessa
kabone mitsingo

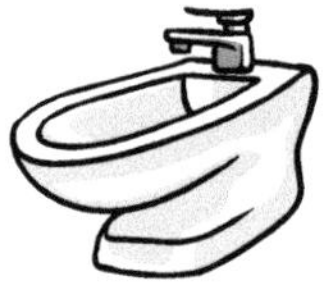

bidee
bidet

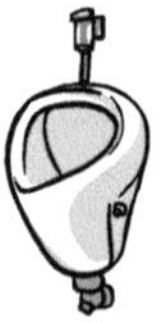

pisuaari
fipipizana

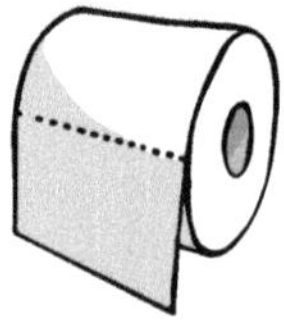

vessapaperi
taratasy fidiovana

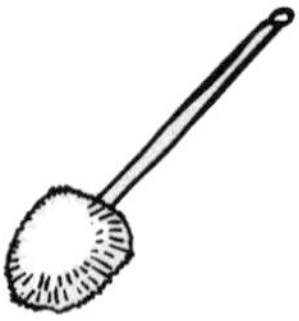

vessaharja
borosy fampiasa an-kabone

hammasharja

borosinify

hammastahna

famotsia-nify

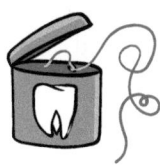

hammaslanka

kofehy fanadiova-nify

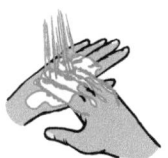

pestä

manasa

käsisuihku

fisaika enti-tànana

intiimisuihku

fanadiovana fivaviana

pesuvati

kovetabe

selkäharja

borosin-damosina

saippua

savony

suihkugeeli

gel fampiasa rehefa misaika

shampoo

shampoo

pesulappu

fonon-tànana enti-misaika

viemäri

tsiranoka

voide

crème fanosotra

deodorantti

fanalana fofona

peili
fitaratra

käsipeili
fitaratra fihaingo

partaveitsi
hareza

partavaahto
raotra fiharatra

partavesi
menaka haratra

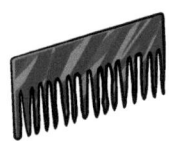

kampa
fiogo

harja
borosy

hiustenkuivaaja
fitaovana fanamainam-bolo

hiuslakka
atsifotra amin'ny volo

meikki
fikarakarana tarehy

huulipuna
lokomena

kynsilakka
haingo hoho

pumpuli
vohavohan-dandihazo

kynsisakset
fanapahana hoho

hajuvesi
ranomanitra

kosmetiikkalaukku

fitoerana fitaovana an-kabone

jakkara

sezabory

vaaka

fandanjana olona

kylpytakki

akanjo enti-matory

kumihansikkaat

fonon-tànana enti-manadio

tamponi

servieta fanary

terveysside

lamba fampiasa amin'ny fadimbolana

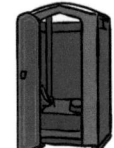

kemiallinen wc

kabone simika

lastenhuone
efitranon'ny ankizy

herätyskello
famohamandry
pehmolelu
saribakoly
leikkiauto
fiara kilalao
helistin
korintsana
nukkekoti
tranon-tsaribakoly
lahja
fanomezana

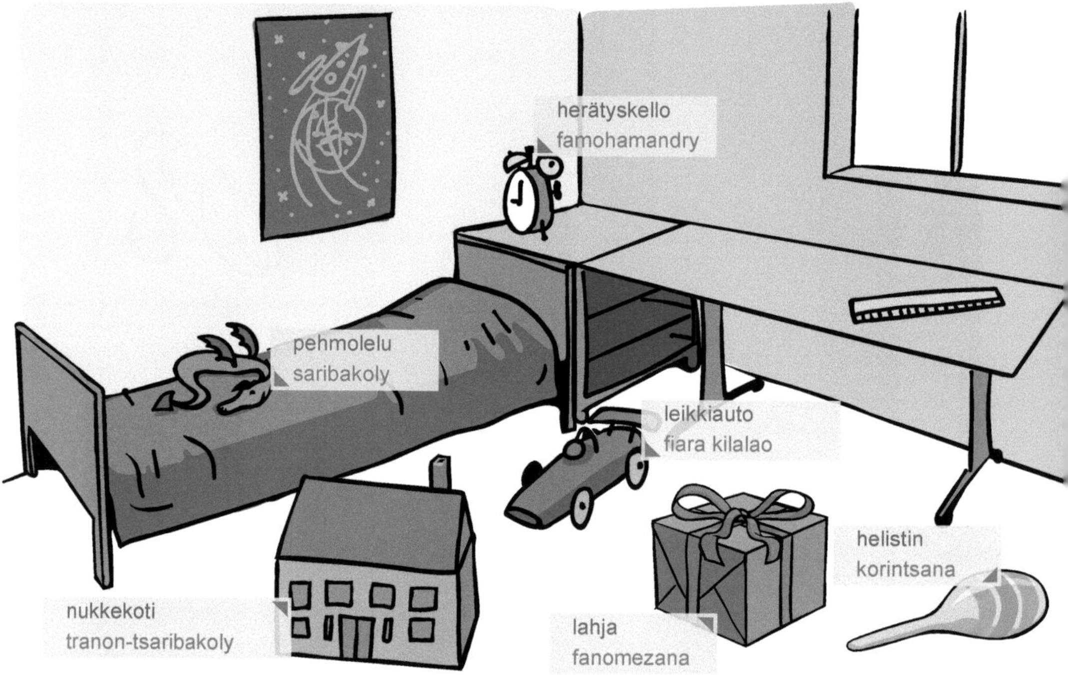

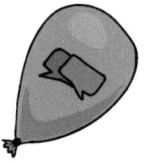

ilmapallo

balaonina

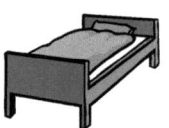

sänky

fandriana

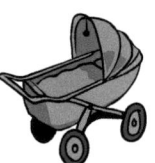

lastenvaunut

posety

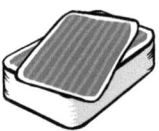

korttipeli

lalao karatra

palapeli

puzzle

SUPER
MEGA

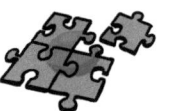

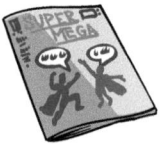

sarjakuva

sariitatra

legopalikat

lalao legô

rakennuspalikat

kilalao fananganana trano

supersankari

sarivongana kely

potkupuku

grenera

frisbee

Frisbee

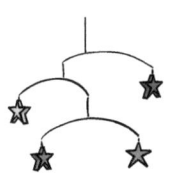

mobile

mobile

lautapeli

jeu de société

noppa

kodiakely

pienoisjunarata

lamasinina kely

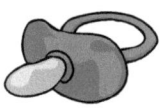

tutti

solonono

juhlat

fety

kuvakirja

boky feno sary

pallo

baolina

nukke

saribakoly

leikkiä

milalao

hiekkalaatikko

kovetam-pasika

keinu

savily

lelut

kilalao

pelikonsoli

kilalao video

kolmipyörä

tricycle

nalle

teddy orsa

vaatekaappi

fitoeran'akanjo

vaatteet

akanjo

sukat

bà kiraro

nylonsukat

bàn-tongotra

sukkahousut

akanjo manara-batana

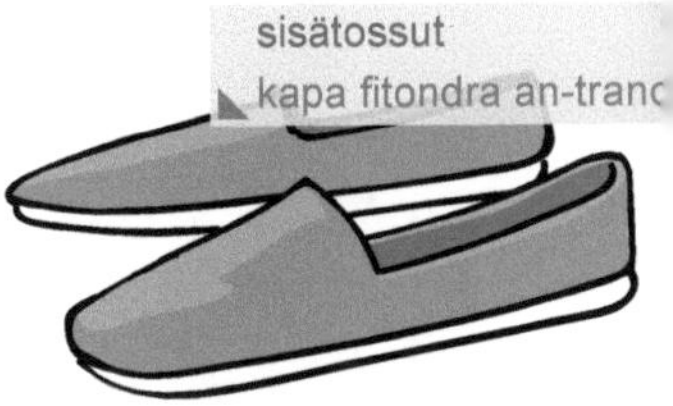

kaulaliina
foloara

sateenvarjo
elo

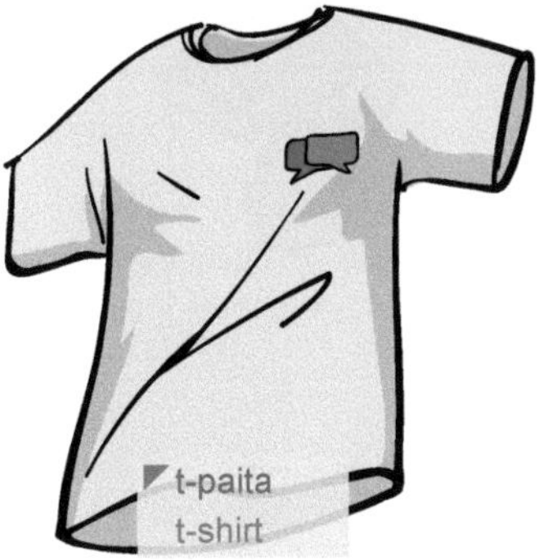

t-paita
t-shirt

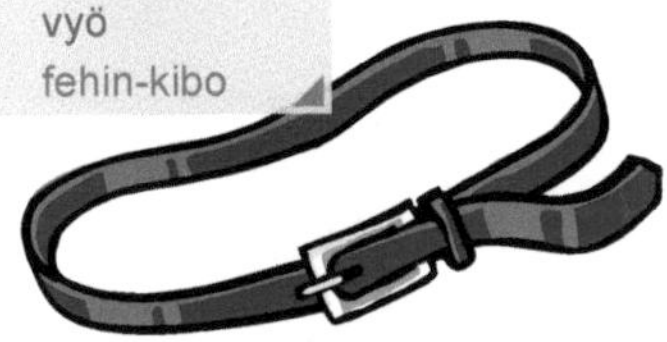

vyö
fehin-kibo

saappaat
baoty

sisätossut
kapa fitondra an-tranc

lenkkarit
kiraro tenisy

sandaalit
....
kapa

kengät
....
kiraro

kumisaappaat
....
baoty fingotra

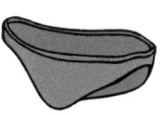

alushousut
....
atinakanjo

rintaliivit
....
tatinono

aluspaita
....
akanjo feno

body

vatana

housut

pataloha

farkut

jean

hame

zipo

pusero

akanjo ambony

paita

lobaka

villapaita

pull

collegepaita

akanjo sarotro

jakku

palitao

takki

palitao

takki

palitao

sadetakki

akanjo aro-orana

puku

akanjo fianjaika

mekko

fitafim-behivavy

hääpuku

akanjon'ny ampakarina

puku

akanjo fianjaika

yöpaita

akanjo-mandry

pyjama

pijamà

shari

sari

päähuivi

sarondoha

turbaani

turban

burka

burqa

kaftaani

kaftan

abaya

abaya

uimapuku

akanjo fitondra milomano

uimahousut

akanjo fitondra milomano

shortsit

pataloha fohy

verkkarit

akanjo fitena

esiliina

tablie

käsineet

fonon-tànana

nappi

bokotra

silmälasit

solomaso

rannekoru

brasele

kaulakoru

rojo

sormus

peratra

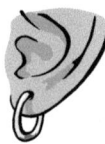

korvakoru

kavina

lippalakki

satroka

ripustin

fanantonana palitao

hattu

satroka

solmio

fehivozo

vetoketju

hidikorisa

kypärä

aroloha

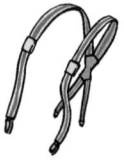

henkselit

beritelo

koulupuku

fanamian'ny mpianatra

univormu

fanamiana

ruokalappu

bavoara

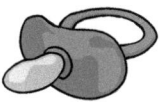

tutti

solonono

vaippa

taty

toimisto
birao

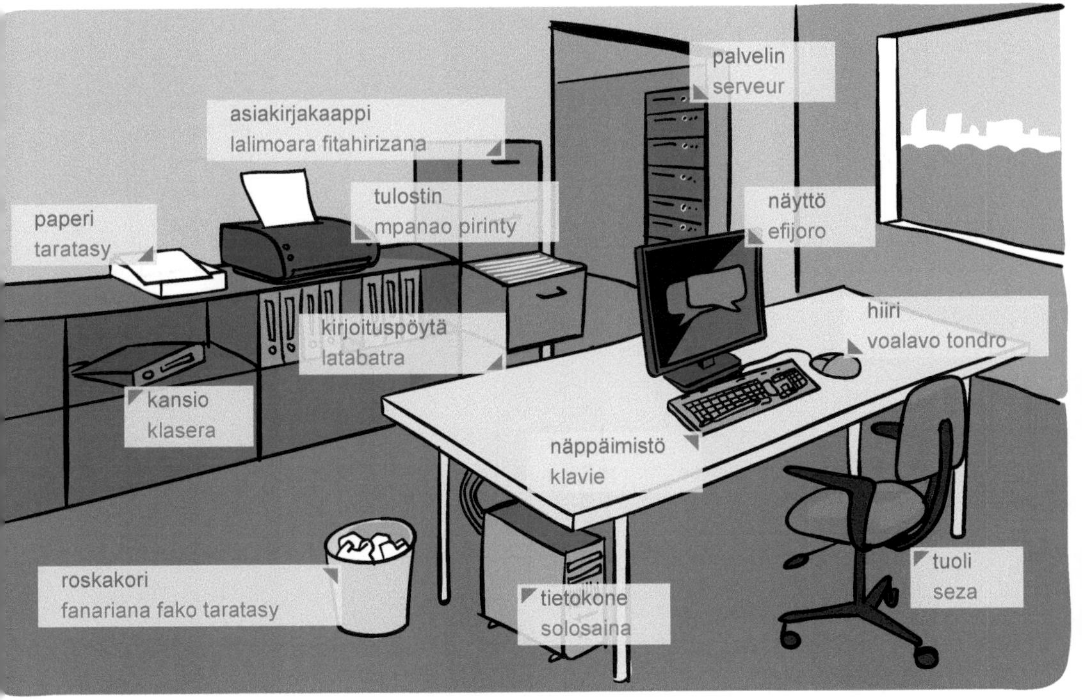

palvelin
serveur

asiakirjakaappi
lalimoara fitahirizana

tulostin
mpanao pirinty

näyttö
efijoro

paperi
taratasy

kirjoituspöytä
latabatra

hiiri
voalavo tondro

kansio
klasera

näppäimistö
klavie

roskakori
fanariana fako taratasy

tietokone
solosaina

tuoli
seza

kahvimuki

kaopin-kafe

taskulaskin

mpikajy

internet

aterineto

kannettava tietokone

solosaina maivana

kirje

taratasy

viesti

hafatra

kännykkä

mobile

verkko

tambajotra

kopiokone

imprimante

ohjelmisto

rindrambaiko

puhelin

finday

pistorasia

prizy

faksi

fax

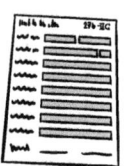

lomake

efitra fenoina

asiakirja

fehezan-taratasy

ostaa

mividy

maksaa

mandoa vola

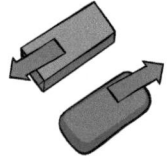

vaihtaa

misera

raha

vola

dollari

dôlara

euro

euro

jeni

yen

rupla

rouble

frangi

Franc suisse

renminbi juan

renminbi yuan

rupia

roupie

pankkiautomaatti

fangalàna vola

rahanvaihto

toerana fanakalozana vola

kulta

volamena

hopea

volafotsy

öljy

solika

energia

angovo

hinta

vidiny

sopimus

fifanekena

vero

hetra

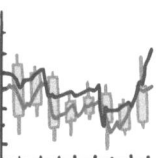

osake

action borsa

työskennellä

miasa

työntekijä

mpiasa

työnantaja

mpampiasa

tehdas

orinasa

liike

fivarotana

ammatit
asa

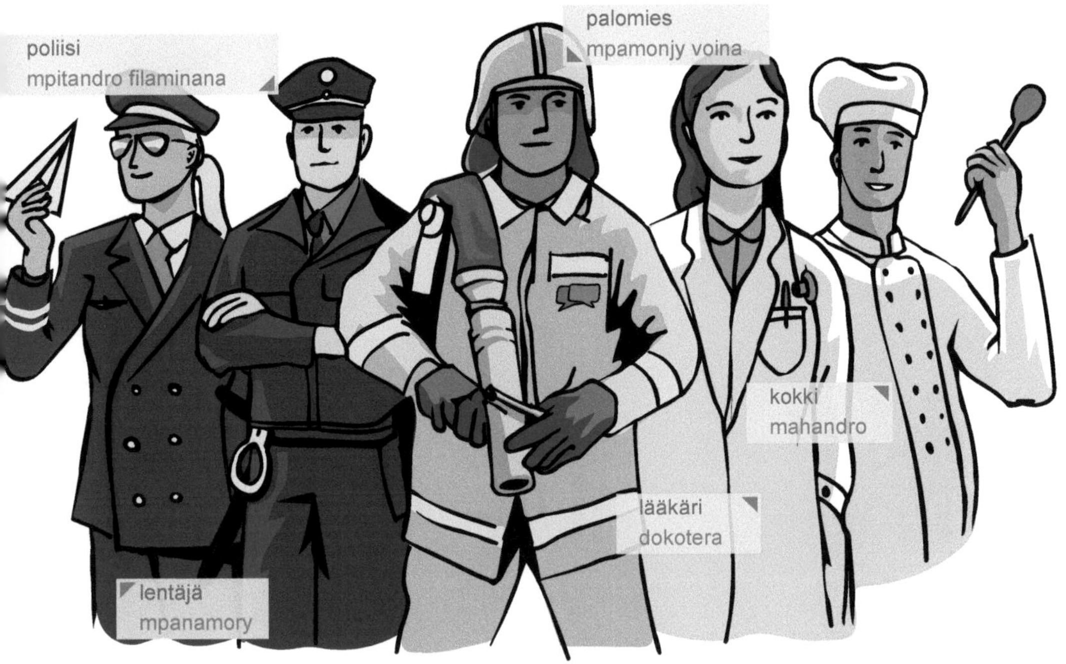

poliisi
mpitandro filaminana
palomies
mpamonjy voina
kokki
mahandro
lääkäri
dokotera
lentäjä
mpanamory

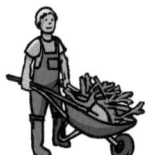

puutarhuri

mpikarakara zaridaina

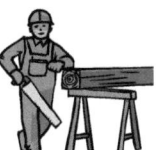

puuseppä

mpandrafitra

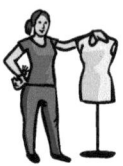

ompelija

vehivavy mpanjaitra

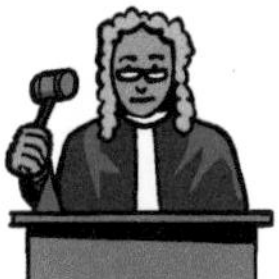

tuomari

mpitsara

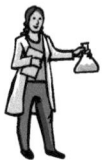

kemisti

mpahay simia

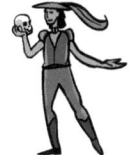

näyttelijä

mpilalao sarimihetsika

linja-autonkuljettaja

mpamily fiara fitateram-
bahoaka

taksinkuljettaja

mpamily fiarakaretsaka

kalastaja

mpanjono

siivooja

vehivavy mpanadio

katontekijä

mpanao tafo

tarjoilija

mpandroso sakafo

metsästäjä

mpihaza

maalari

mpandoko

leipuri

mpanao mofo

sähköasentaja

elektrisianina

rakentaja

mpanao trano

insinööri

injeniera

teurastaja

mivaro-kena

putkiasentaja

plombier

postinjakaja

faktera

sotilas

miaramila

arkkitehti

mpanao mari-trano

kassanhoitaja

mpandray vola

floristi

mpivarotra voninkazo

kampaaja

mpanao volo

konduktööri

mpizara tapakila

mekaanikko

mpahay mekanika

kapteeni

kapiteny

hammaslääkäri

mpitsabo nify

tiedemies

siantifika

rabbi

raby

imaami

imam

munkki

moanina

pappi

pretra

työkalut
fitaovana

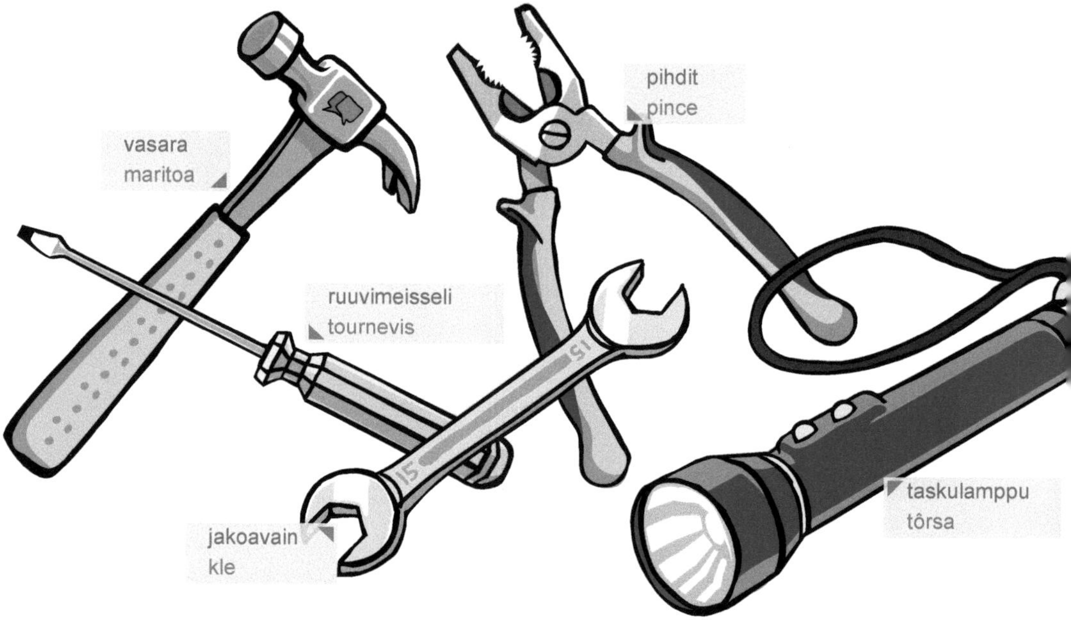
vasara
maritoa
pihdit
pince
ruuvimeisseli
tournevis
jakoavain
kle
taskulamppu
tôrsa

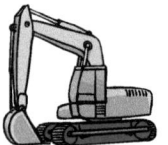

kaivinkone
pelleteuse

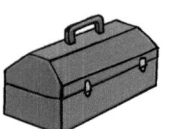

työkalupakki
boaty fanisy fitaovana

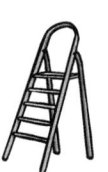

tikkaat
tohatra

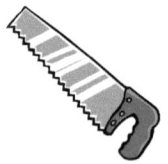

saha
tsofa

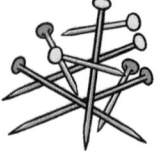

naulat
fantsika

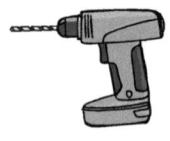

pora
perceuse

korjata
manarina

lapio
lapela

Hitto!
Kyy!

rikkalapio
angadim-pako

maalipurkki
boatin-doko

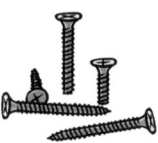

ruuvit
visy

soittimet
zava-maneno

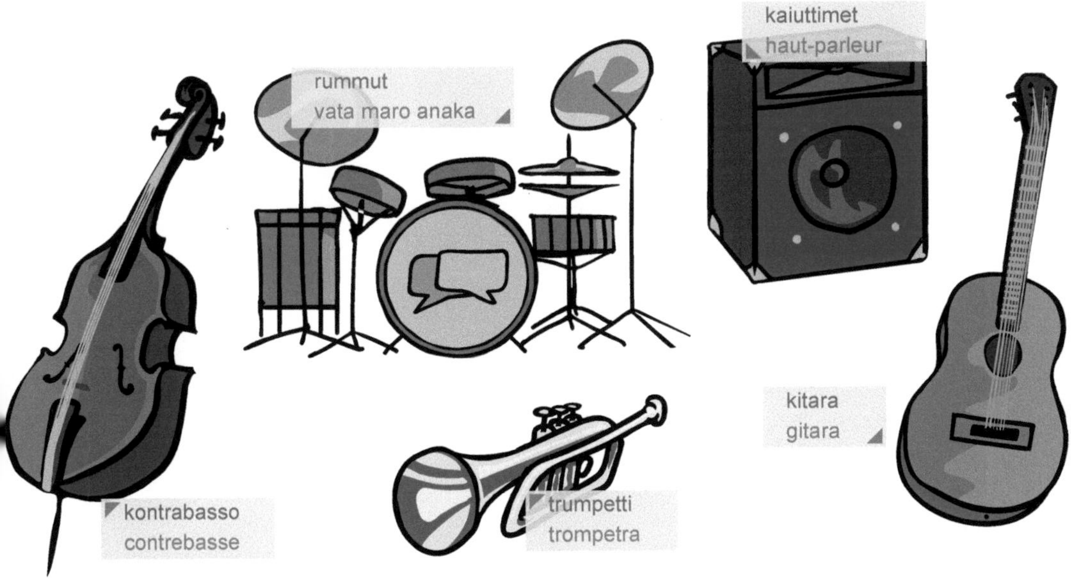

kaiuttimet
haut-parleur

rummut
vata maro anaka

kitara
gitara

kontrabasso
contrebasse

trumpetti
trompetra

piano

vata maro afitsoka

viulu

lokanga

basso

basse

patarummut

amponga timpani

rumpu

aponga

kosketinsoitin

klavie

saksofoni

saksa

huilu

sodina

mikrofoni

mikrao

eläintarha

valan-javaboary

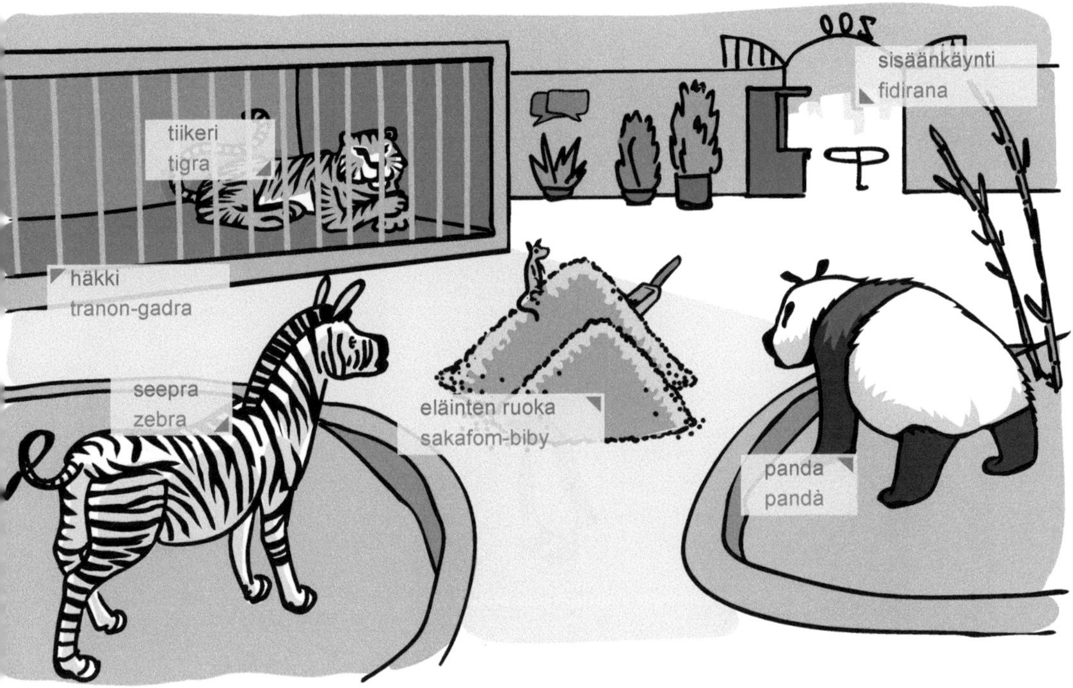

sisäänkäynti
fidirana
tiikeri
tigra
häkki
tranon-gadra
seepra
zebra
eläinten ruoka
sakafom-biby
panda
pandà

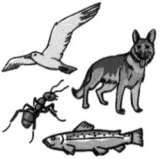

eläimet

biby

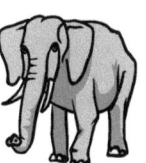

norsu

elefanta

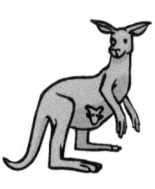

kenguru

kangoroa

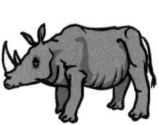

sarvikuono

rinôserôsy

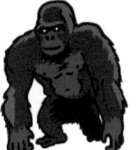

gorilla

gôrila

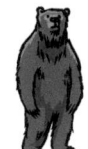

karhu

orsa

kameli

rameva

strutsi

aotrisy

leijona

liona

apina

rajako

flamingo

sama

papukaija

boloky

jääkarhu

orsa polera

pingviini

pengoa

hai

atsantsa

riikinkukko

vorombola

käärme

bibilava

krokotiili

voay

eläintarhanhoitaja

mpiandry valan-javaboary

hylje

fôko

jaguaari

jagoara

poni

poney

leopardi

leopara

virtahepo

hipôpôtamo

kirahvi

zirafa

kotka

voromahery

villisika

lambo

kala

trondro

kilpikonna

sokatra

mursu

môrsa

kettu

renard

gaselli

gazely

amerikkalainen jalkapallo
Football amerikana

pyöräily
hazakazaka am-bisikileta

tennis
tennis

koripallo
baskety

uinti
lomano

nyrkkeily
boxe

jääkiekko
hockey an-dranomandry

jalkapallo
baolina kitra

sulkapallo
badminton

yleisurheilu
atletisma

käsipallo
handball

hiihto
ski

poolo
polo

nauraa
mihomehy

ypätä
hitsambikina

halata
mamihina

kävellä
mandeha

laulaa
mihira

unelmoida
manonofy

rukoilla
mivavaka

suudella
manoroka

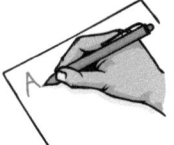

kirjoittaa
manoratra

piirtää
manao sary

näyttää
maneho

painaa
manosika

antaa
manome

ottaa
mandray

omistaa

manana

tehdä

manao

olla

mizovy

seisoa

mijoro

juosta

mihazakazaka

vetää

misintona

heittää

manary

kaatua

lavo

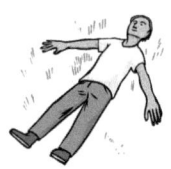

maata

mandry

odottaa

miandry

kantaa

mitondra

istua

mipetraka

pukeutua

miakanjo

nukkua

matory

herätä

mifoha

katsoa

mijery

itkeä

mitomany

silittää

fahatapahan'ny lalan-dra

kammata

fiogo

puhua

miresaka

ymmärtää

mahay

kysyä

milaza

kuunnella

mihaino

juoda

misotro

syödä

mihinana

siivota

mandamina

rakastaa

mitia

keittää

mahandro

ajaa

mamily

lentää

lalitra

purjehtia

miandriaka

laskea

mikajy

lukea

mamaky

oppia

mianatra

työskennellä

miasa

mennä naimisiin

mivady

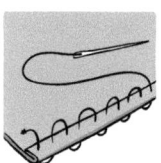

ommella

manjaitra

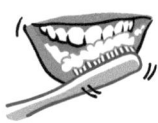

pestä hampaat

miborosy nify

tappaa

mamono

tupakoida

mifoka

lähettää

mandefa

perhe
fianakaviana

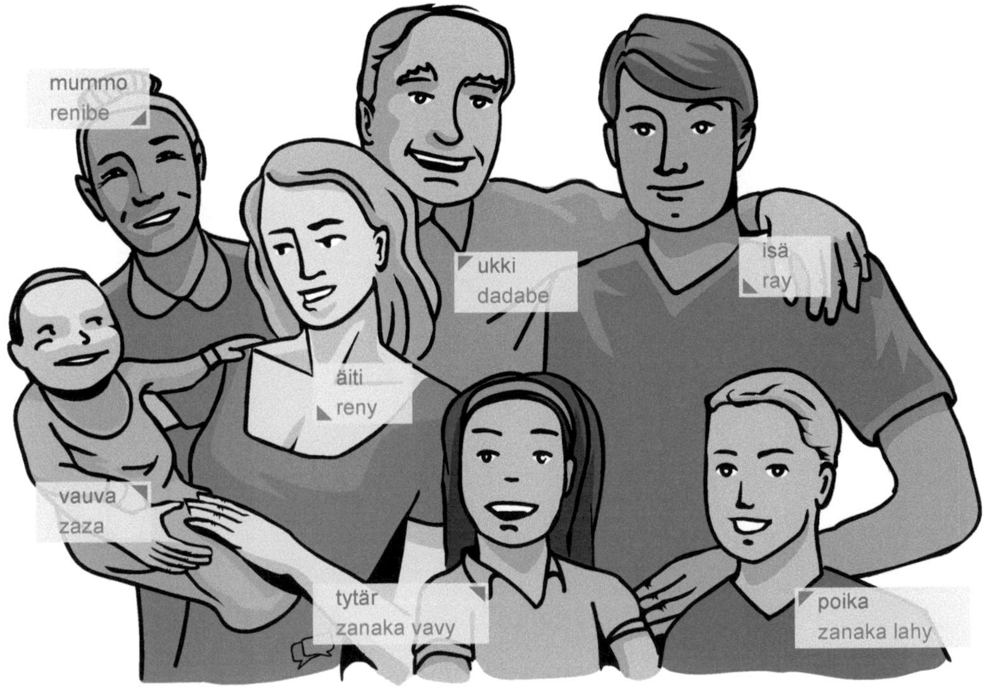
mummo
renibe
ukki
dadabe
isä
ray
äiti
reny
vauva
zaza
tytär
zanaka vavy
poika
zanaka lahy

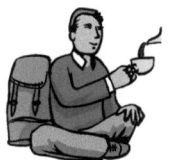

vieras

vahiny

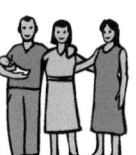

täti

nenitoa

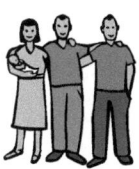

setä

dadatoa

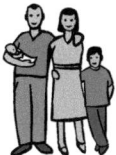

veli

rahalahy

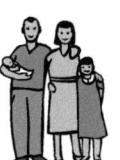

sisko

rahavavy

vartalo
vatana

otsa
handrina
silmä
maso
olkapää
soroka
sormet
rantsan-tànana
kasvot
tarehy
leuka
saoka
käsi
tànana
jalka
ranjo
rinta
nono
käsivarsi
sandry

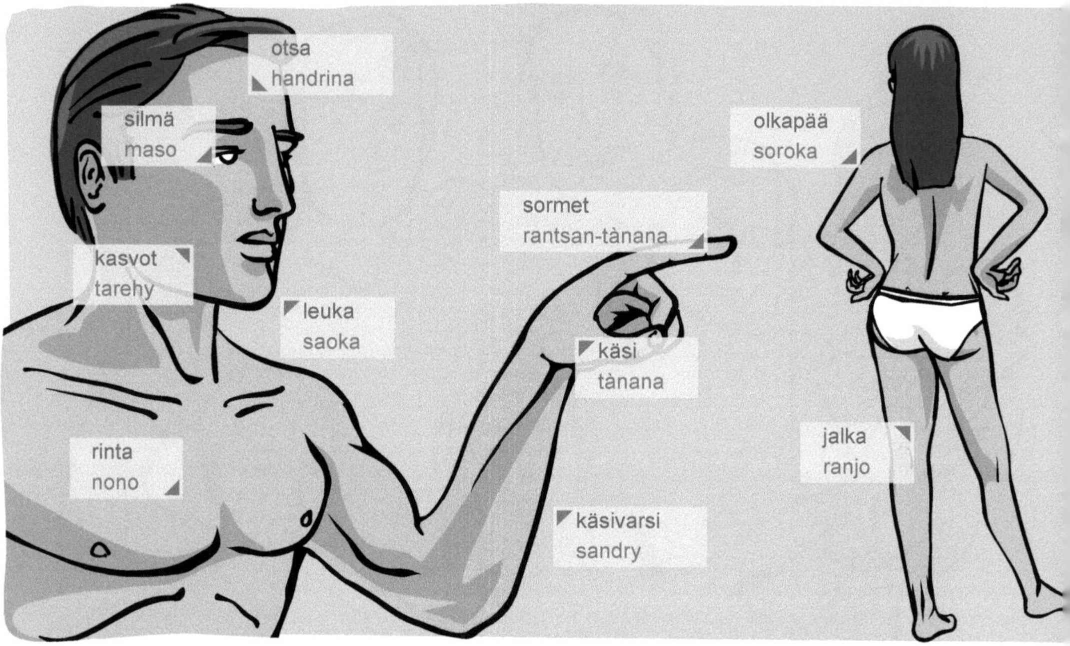

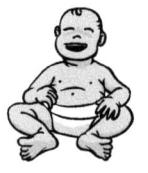

vauva
zaza

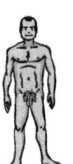

mies
lehilahy

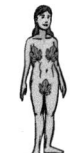

nainen
vehivavy

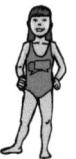

tyttö
vavy

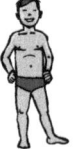

poika
lahy

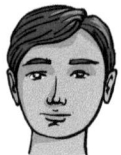

pää
loha

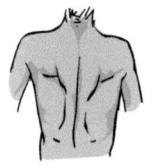

selkä
lamosina

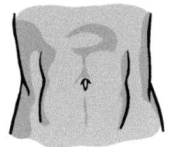

maha
kibo

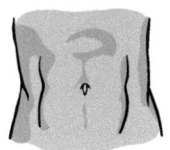

napa
foitra

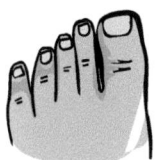

varvas
rantsan-tongotra

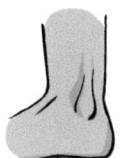

kantapää
voditongotra

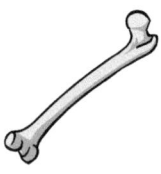

luu
taolana

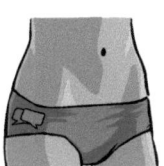

lantio
valahana

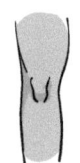

polvi
lohalika

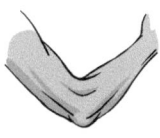

kyynärpää
kiho

nenä
orona

takapuoli
vody

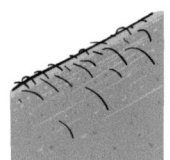

iho
hoditra

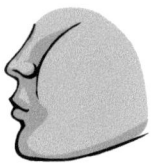

poski
takolaka

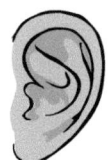

korva
sofina

huuli
molotra

suu

vava

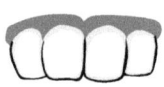

hammas

nify

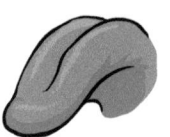

kieli

lela

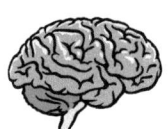

aivot

saina

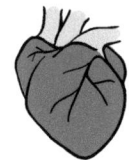

sydän

fo

lihas

ozatra

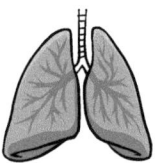

keuhkot

havokavoka

maksa

aty

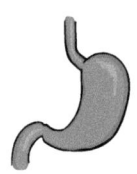

vatsa

vavony

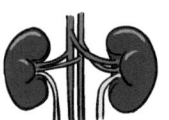

munuaiset

voa

seksi

firaisana ara-nofo

kondomi

fimailo

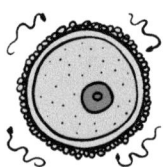

munasolu

tsirivavy

sperma

ranonaina

raskaus

vohoka

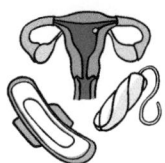

kuukautiset

fadimbolana

vagina

fivaviana

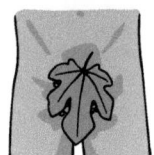

penis

filahiana

kulmakarvat

volomaso

hiukset

volo

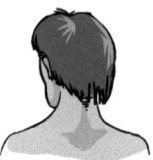

niska

tenda

sairaala
hopitaly

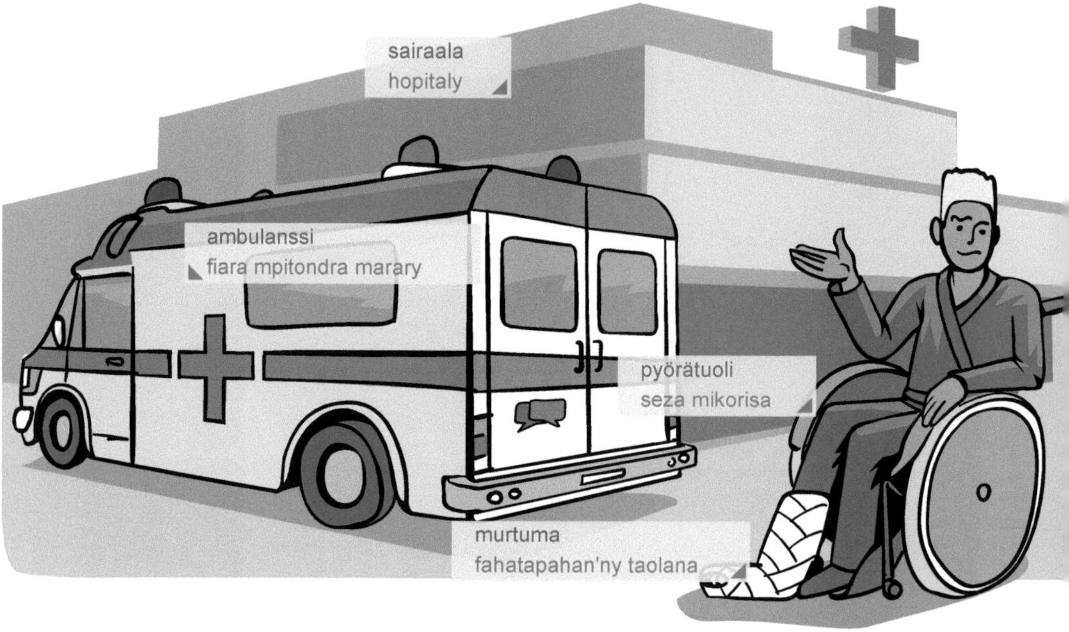

sairaala
hopitaly
ambulanssi
fiara mpitondra marary
pyörätuoli
seza mikorisa
murtuma
fahatapahan'ny taolana

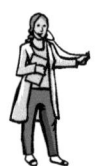

lääkäri

dokotera

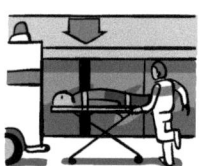

ensiapu

efitra vonjy taitra

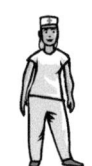

sairaanhoitaja

mpitsabo mpanampy

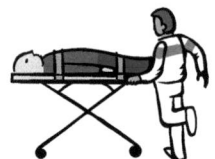

hätätilanne

vonjy taitra

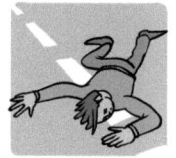

tajuton

tsy mahatsiaro tena

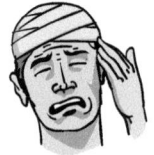

kipu

fanaintainana

vamma

faharatràna

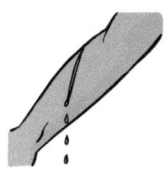

verenvuoto

mandeha rà

sydänkohtaus

aretim-po

aivoinfarkti

fahatapahan'ny lalan-dra

allergia

tsy fahazakana sakafo

yskä

kohaka

kuume

tazo

flunssa

gripa

ripuli

fivalanana

päänsärky

aretin'an-doha

syöpä

homamiadana

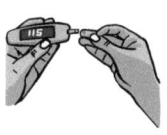

diabetes

diabeta

kirurgi

dokotera mpandidy

veitsi

antsy fandidiana

leikkaus

fandidiana

ct
TC

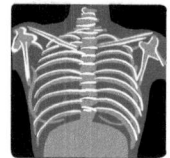

röntgen
taratra X

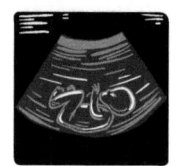

ultraääni
ekôgrafia

maski
saron-tava

sairaus
aretina

odotushuone
efitrano fiandrasana

sauva
tehina

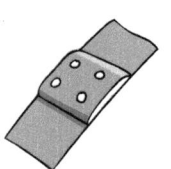

laastari
taha fery

side
bandy

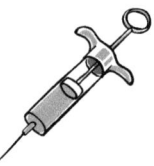

pistos
tsindrona

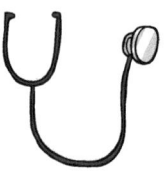

stetoskooppi
stetoskopy

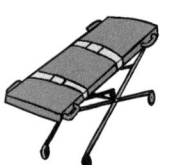

paarit
filanjana marary

kuumemittari
fitaovana fitsapana
hafanana

syntymä
fahaterahana

ylipaino
hatavezana tafahoatra

kuulolaite

fitaovana fandrenesana

desinfiointiaine

famonoana mikraoba

infektio

fifindràna aretina

virus

viriosy

HIV / AIDS

VIH / SIDA

lääke

fitsaboana

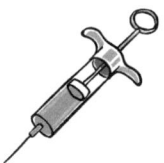

rokotus

vaksiny

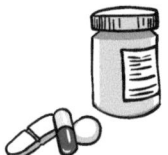

tabletit

pilina

pilleri

pilina

hätäpuhelu

antso vonjy taitra

verenpainemittari

fitaovana fitsapana tosi-drà

sairas / terve

marary / salama

Apua!	hälytys	ryöstö
Vonjeo!	antso fanairana	herisetra

hyökkäys	vaara	hätäuloskäynti
vono	loza	fivoahana raha misy loza

Tulipalo!	palosammutin	onnettomuus
Afo!	fitaovam-pamonoana afo	loza

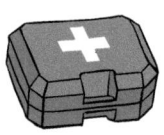		
ensiapulaukku	SOS	poliisilaitos
fitaovam-pitsaboana vonjimaika	SOS	pôlisy

Eurooppa

Eoropa

Pohjois-Amerikka

Amerika avaratra

Etelä-Amerikka

Amerika atsimo

Afrikka

Afrika

Aasia

Azia

Australia

Aostralia

Atlantin valtameri

Atlantika

Tyynimeri

Pasifika

Intian valtameri

Ranomasimbe Indiana

Eteläinen jäämeri

Oseana Antarktika

Pohjoinen jäämeri

Oseana Arktika

pohjoisnapa

Tendrotany avaratra

etelänapa

Tendrotany atsimo

Antarktis

Antarktika

maa

tany

maa

tany

meri

ranomasina

saari

nosy

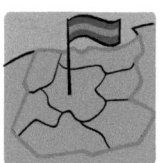

kansa

tanindrazana

osavaltio

firenena

kellotaulu

tavam-pamantaranandro

tuntiviisari

tondro ora

minuuttiviisari

tondro minitra

sekuntiviisari

tondro segondra

Paljonko kello on?

Amin'ny firy izao?

päivä

andro

aika

fotoana

nyt

izao

digitaalikello

famantaranandro niomerika

minuutti

minitra

tunti

ora

viikko
herinandro

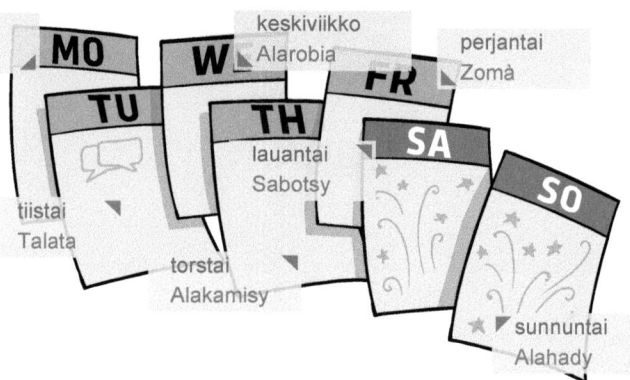

maanantai
Alatsinainy

keskiviikko
Alarobia

perjantai
Zomà

tiistai
Talata

lauantai
Sabotsy

torstai
Alakamisy

sunnuntai
Alahady

eilen
....
omaly

tänään
....
androany

huomenna
....
ampitso

aamu
....
maraina

keskipäivä
....
atoandro

ilta
....
hariva

MO	TU	WE	TH	FR	SA	SU
1	2	3	4	5	6	7
8	9	10	11	12	13	14
15	16	17	18	19	20	21
22	23	24	25	26	27	28
29	30	31	1	2	3	4

työpäivät
....
adro fiasàna

MO	TU	WE	TH	FR	SA	SU
1	2	3	4	5	6	7
8	9	10	11	12	13	14
15	16	17	18	19	20	21
22	23	24	25	26	27	28
29	30	31	1	2	3	4

viikonloppu
....
faran'ny herinandro

vuosi
taona

sade
orana
sateenkaari
avana
lumi
ranomandry
tuuli
rivotra
kevät
lohataona
syksy
fararano
kesä
vanin-taona maina
talvi
ririnina

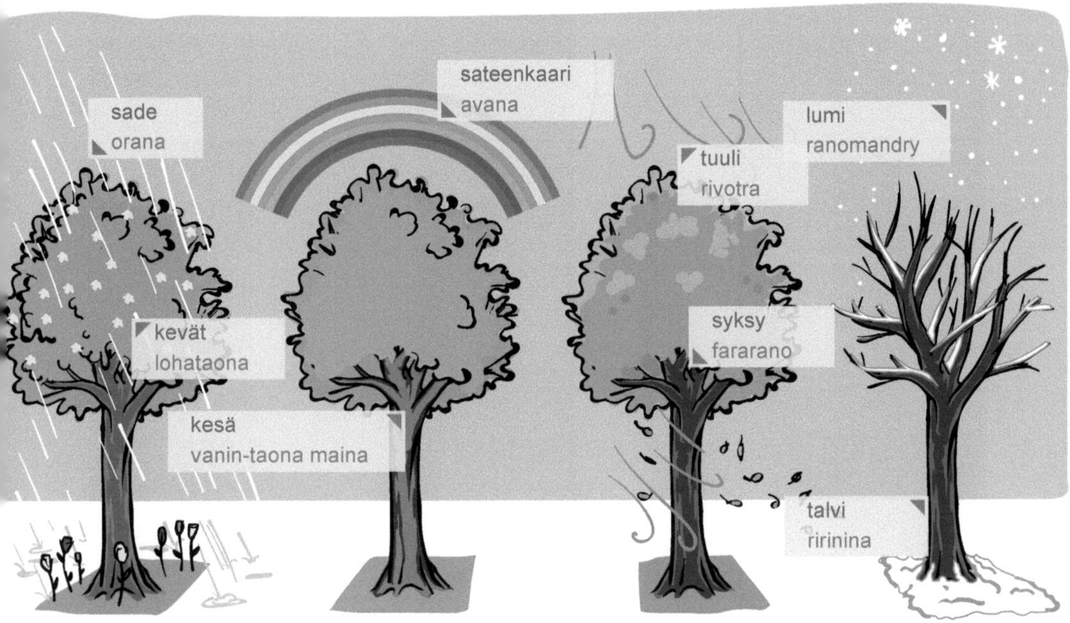

4.APRIL	11°	
5.APRIL	4°	
6.APRIL	13°	
7.APRIL	8°	
8.APRIL	10°	

sääennuste

vinavina ara-toetrandro

F
C
120
90
60
30
0
-30
40
30
20
10
0
-10
-20

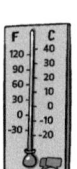

lämpömittari

thermomètre

auringonpaiste

tara-masoandro

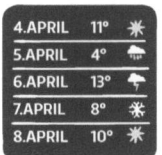

pilvi

rahona

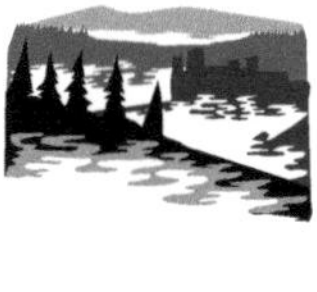

sumu

zavona

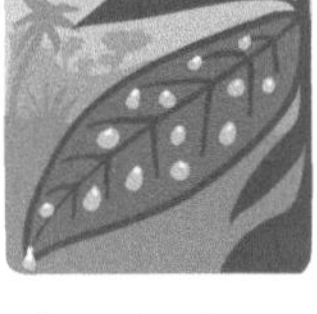

ilmankosteus

hamandoana

salama

tselatra

ukkonen

kotroka

myrsky

tafio-drivotra

rae

havandra

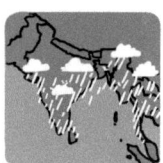

monsuuni

fahavaratra

tulva

tondra-drano

jää

vaingan-drano

tammikuu

Janoary

helmikuu

Febroary

maaliskuu

Martsa

huhtikuu

Avrila

toukokuu

Mey

kesäkuu

Jiona

heinäkuu

Jolay

elokuu

Aogositra

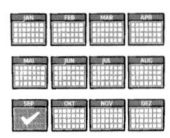

syyskuu
....
Septambra

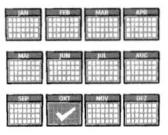

lokakuu
....
Oktobra

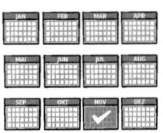

marraskuu
....
Novambra

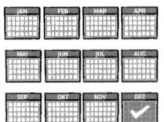

joulukuu
....
Desambra

muodot
endrika

ympyrä
....
boribory

neliö
....
efamira

suorakulmio
....
efajoro

kolmio
....
telozoro

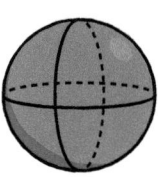

pallo
....
bola

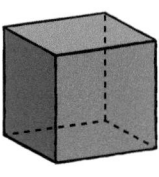

kuutio
....
goba

valkoinen

fotsy

keltainen

mavo

oranssi

laoranjy

vaaleanpunainen

mavokely

punainen

mena

violetti

voloparasy

sininen

manga

vihreä

maitso

ruskea

volotany

harmaa

volondavenona

musta

mainty

paljon / vähän

betsaka / vitsy

vihainen / ystävällinen

tezitra / tony

kaunis / ruma

tsara / ratsy

alku / loppu

fiandohana / fiafarana

suuri / pieni

lehibe / kely

vaalea / tumma

mazava / maloka

veli / sisko

rahalahy / rahavavy

puhdas / likainen

madio / maloto

täydellinen / epätäydellinen

feno / banga

päivä / yö

andro / alina

kuollut / elävä

maty / velona

leveä / kapea

malalaka / tery

syötävä / syömäkelvoton

azo hanina / tsy fihinana

paha / kiltti

tsivalahara / tsara fanahy

innostunut / tylsistynyt

endratra / sorena

lihava / laiha

matavy / mahia

ensimmäinen / viimeinen

voalohany / farany

ystävä / vihollinen

mpinamana / mpifahavalo

täysi / tyhjä

feno / foana

kova / pehmeä

mafy / malefaka

painava / kevyt

mavesatra / maivana

nälkä / jano

noana / mangetaheta

sairas / terve

marary / salama

laiton / laillinen

tsy ara-dalàna / ara-dalàna

älykäs / tyhmä

mahay / vendrana

vasen / oikea

havia / havanana

lähellä / kaukana

akaiky / lavitra

uusi / käytetty
vaovao / tranainy

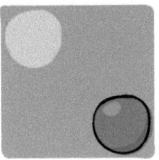

ei mitään / jotain
tsy misy / misy

vanha / nuori
antitra / tanora

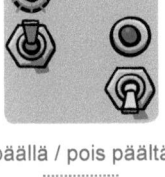

päällä / pois päältä
mandeha / maty

auki / kiinni
mivoha / mihidy

hiljainen / äänekäs
mangina / mitabataba

rikas / köyhä
manankarena / mahantra

oikein / väärin
marina / diso

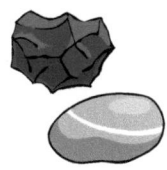

karhea / sileä
marokoroko / malama

surullinen / iloinen
malahelo / faly

lyhyt / pitkä
fohy / lava

hidas / nopea
mora / faingana

märkä / kuiva
mando / maina

lämmin / viileä
mafana / mangatsiaka

sota / rauha
ady / fahalemana

0	**1**	**2**
nolla	yksi	kaksi
aotra	iray	roa
3	**4**	**5**
kolme	neljä	viisi
telo	efatra	dimy
6	**7**	**8**
kuusi	seitsemän	kahdeksan
enina	fito	valo
9	**10**	**11**
yhdeksän	kymmenen	yksitoista
sivy	folo	iraikambinifolo

12	**13**	**14**
kaksitoista	kolmetoista	neljätoista
roambinifolo	teloambinifolo	efatrambinifolo
15	**16**	**17**
viisitoista	kuusitoista	seitsemäntoista
dimiambinifolo	eninambinifolo	fitoambinifolo
18	**19**	**20**
kahdeksantoista	yhdeksäntoista	kaksikymmentä
valoambinifolo	siviambinifolo	roapolo
100	**1.000**	**1.000.000**
sata	tuhat	miljoona
zato	arivo	tapitrisa

englanti

Anglisy

amerikanenglanti

Anglisy amerikana

mandariinikiina

Fiteny sinoa mandarina

hindi

Hindi

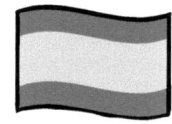

espanja

Espaniola

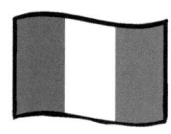

ranska

Frantsay

arabia

Fiteny arabo

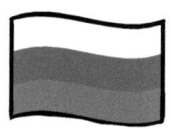

venäjä

Fiteny rosiana

portugali

Portogey

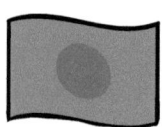

bengali

Bengaly

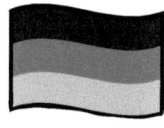

saksa

Alemà

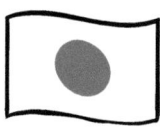

japani

Japoney

minä

izaho

sinä

ianao

hän

izy / io

me

isika

te

ianao

he

zareo

kuka?

iza?

mitä / mikä?

inona?

miten?

ahoana?

missä?

aiza?

milloin?

oviana?

nimi

anarana

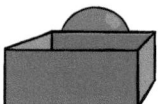

takana

aorina

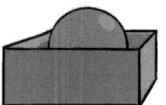

sisällä

anaty

edessä

anoloana

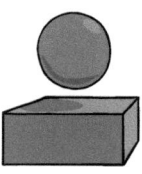

yläpuolella

any

päällä

ambony

alapuolella

ambany

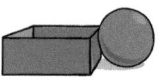

vieressä

ankila

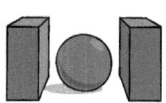

välissä

afovoany

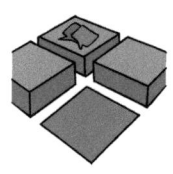

paikka

toerana